GOUVERNEMENT DE PARIS.

1.re DIVISION MILITAIRE.

ÉTAT-MAJOR GÉNÉRAL.

Au quartier général, à Paris, le 1.er Vendémiaire an 14 [23 Septembre 1805].

SERVICE DE L'ÉTAT-MAJOR GÉNÉRAL.

Du 1.er au 2 Vendémiaire an 14.

Le Capitaine-Adjoint de service à l'État-major général.................. AUCLER.
Officier de santé de service à l'État-major.............................. POISSON.
Secrétaire de service à l'État-major.................................... CORBET.

Du 2 au 3 Vendémiaire an 14.

Le Capitaine-Adjoint de service à l'État-major général.................. GUIARDELLE.
Officier de santé de service à l'État-major.............................. DANTREVILLE.
Secrétaire de service à l'État-major.................................... LECLERC.

Rien de nouveau.

Le Général de Brigade Chef de l'État-major général du Gouvernement de Paris et de la première Division militaire,

CÉSAR BERTHIER.

[illegible]

[illegible]

[illegible] Septembre [illegible]

Pari[illegible]

[illegible]

[illegible]

[illegible] .... [illegible]
[illegible] .... [illegible]
[illegible] .... [illegible]

[illegible]

[illegible] .... [illegible]
[illegible] .... [illegible]
[illegible] .... [illegible]

[illegible]

GOUVERNEMENT DE PARIS.

1.re *DIVISION MILITAIRE.*

ÉTAT-MAJOR GÉNÉRAL.

Au quartier général, à Paris, le 2 Vendémiaire an 14 [24 Septembre 1805].

SERVICE DE L'ÉTAT-MAJOR GÉNÉRAL.

Du 2 au 3 Vendémiaire.

Le Capitaine-Adjoint de service à l'État-major général.................. GUIARDELLE.
Officier de santé de service à l'État-major............................ POISSON.
Secrétaire de service à l'État-major................................... LECLERC.

Du 3 au 4 Vendémiaire.

Le Capitaine-Adjoint de service à l'État-major général.................. AUGIAS.
Officier de santé de service à l'État-major............................ DANTREVILLE.
Secrétaire de service à l'État-major................................... GEORGE.

ORDRE GÉNÉRAL.

Conformément aux ordres de S. A. S. Monseigneur le Prince *Louis*, Grand-Connétable de l'Empire, Commandant de la 1.re Division militaire et du gouvernement de Paris, il est ordonné aux Chefs des corps de la garnison de faire exactement délivrer aux déserteurs condamnés, contradictoirement à la peine des travaux publics ou à celle du boulet, et dans les 24 heures qui suivront leur jugement, les effets dont ils doivent être revêtus lors de leur dégradation, afin que ces jugemens n'éprouvent aucun retard dans leur exécution.

Le Général de Brigade Chef de l'État-major général du Gouvernement de Paris et de la première Division militaire,

CÉSAR BERTHIER.

GOUVERNEMENT DE PARIS.

1.re *DIVISION MILITAIRE.*

ÉTAT-MAJOR GÉNÉRAL.

Au quartier général, à Paris, le 3 Vendémiaire an 14 [25 Septembre 1805].

SERVICE DE L'ÉTAT-MAJOR GÉNÉRAL.

Du 3 au 4 Vendémiaire.

Le Capitaine-Adjoint de service à l'État-major général.................. DELORME.

Officier de santé de service à l'État-major........................... DANTREVILLE.

Secrétaire de service à l'État-major.................................. GEORGE.

Du 4 au 5 Vendémiaire.

Le Capitaine-Adjoint de service à l'État-major général.................. AUCLER.

Officier de santé de service à l'État-major........................... POISSON.

Secrétaire de service à l'État-major.................................. LAMOUREUX.

ORDRE GÉNÉRAL.

S. M. l'Empereur et Roi a confié au Prince LOUIS, Connétable de l'Empire, le commandement de la première Division militaire, du Gouvernement de Paris, et de la Garde impériale. Le Connétable de l'Empire espère que les Officiers et Soldats sous ses ordres redoubleront de zèle et d'activité pour leur complétement et leur prompte instruction. Les régimens de ligne ne doivent pas perdre un instant pour habiller, armer et instruire les hommes qui ne le seraient pas encore, et les Conscrits qu'ils vont recevoir journellement : l'Empereur, qui connaît tous les Officiers de ses armées, ne perd point de vue ceux qu'il laisse dans l'intérieur chargés de ce soin important ; il récompensera leur zèle en les appelant des premiers à joindre ses ennemis tant de fois vaincus.

Les Vétérans et les régimens de la Garde de Paris auront aussi de la gloire à acquérir en redoublant de zèle dans leur service, en se montrant animés d'un bon esprit pour le service de l'État et de S. M. impériale. Ils doivent prouver par leur conduite qu'ils sont dignes d'être les camarades des soldats des armées actives.

Les Vétérans sont composés d'anciens et braves soldats ; leurs Officiers sont distingués par leurs services : les régimens de la Garde de Paris ont à l'armée la réputation d'être composés d'Officiers et de Soldats d'élite ; j'espère qu'ils le prouveront par leur zèle et leur bon esprit.

De mon côté, je promets aux uns et aux autres, de veiller à leurs besoins, de leur faire rendre justice toutes les fois qu'elle leur sera due, et de solliciter de S. M. l'Empereur les récompenses qu'ils auront méritées par leur conduite durant son absence de la capitale.

Signé LOUIS BONAPARTE.

Le Général de Brigade Chef de l'État-major général du Gouvernement de Paris et de la première Division militaire,

CÉSAR BERTHIER.

GOUVERNEMENT DE PARIS.

1.re DIVISION MILITAIRE.

ÉTAT - MAJOR GÉNÉRAL.

Au quartier général, à Paris, le 4 Vendémiaire an 14 [26 Septembre 1805].

SERVICE DE L'ÉTAT-MAJOR GÉNÉRAL.

Du 4 au 5 Vendémiaire.

Le Capitaine-Adjoint de service à l'État-major général .... AUCLER.
Officier de santé de service à l'État-major .... POISSON.
Secrétaire de service à l'État-major .... LAMOUREUX.

Du 5 au 6 Vendémiaire.

Le Capitaine-Adjoint de service à l'État-major général .... DURAND.
Officier de santé de service à l'État-major .... DANTREVILLE.
Secrétaire de service à l'État-major .... BRUNEL.

EXTRAIT des Jugemens rendus par le 1.er Conseil de guerre permanent de la 1.re Division militaire, pendant le mois de Fructidor et jours complémentaires de l'an 13.

NUMÉROS des Jugemens.	DATES.	NOMS ET PRÉNOMS des INDIVIDUS JUGÉS.	LEUR GRADE ou PROFESSION.	LIEUX de NAISSANCE.	ANALYSE DES JUGEMENS.	
1847	3.	Chanu (*Claude*)	Capitaine honoraire invalide.	Tours, département d'Indre-et-Loire.	Convaincus de viol envers une jeune fille de moins de quatorze ans.	Condamnés à douze années de fers, à la dégradation militaire, et au paiement d'une somme de 1,200 francs à la veuve, mère de l'enfant, à titre de dommages et intérêts.
Idem.	*Idem.*	Lapôtre (*Charles*), dit *Annibal.*	Lieutenant honoraire invalide.	Calais, dép. du Pas-de-Calais.		
1848.	5.	Malot (*Clair*)	Fusilier au 1.er régim. de la garde de Paris.	Mésières, départ. de Seine-et-Oise.	Prévenu de vente de partie de ses effets d'habillement et du baudrier et sabre de son camarade.	Acquitté de l'accusation dirigée contre lui, mais condamné, par forme de discipline militaire, à garder prison pendant trois mois, à compter du 1.er messidor dernier, pour avoir perdu ces objets, qu'il est tenu de rembourser à la caisse du corps.
1849.	*Idem.*	Bougault (*Jean-Baptiste*)	*Idem*..........	Neuilly, dép. de la Seine.	Convaincu de désobéissance et menaces par gestes envers son supérieur.	Condamné à cinq ans de fers, et à la dégradation militaire.
1850.	*Idem.*	Belac (*Jean*), ...	Chasseur au 4.e régim. d'infanterie légère.	Venise en Italie.	Convaincu de voies de fait graves avec effusion de sang envers un particulier.	Condamné à deux ans de fers, à la dégradation militaire, et au paiement d'une somme de 200 francs au plaignant, à titre de dommages et intérêts.
1851.	2.e jour complém.	Dupont (*Jean-Baptiste*).	Se disant ancien Maréchal-de-logis au 6.e régim. d'artillerie à cheval.	Pontigny, départ. de l'Yonne.	Prévenu de vagabondage et escroquerie.	Renvoyé avec les pièces de la procédure par-devant la Cour de justice criminelle et spéciale du département de la Seine.
1852.	*Idem.*	Bernard (*Jean-Louis*)....	Chasseur au 4.e régim. d'infanterie légère.	Présagny, départ. de l'Eure.	Prévenu de fabrication et d'émission de fausse monnoie.	Renvoyé, avec toutes les pièces de la procédure, par-devant la cour de justice criminelle et spéciale du dép. de la Seine.

NUMÉROS des Jugemens.	DATES.	NOMS ET PRÉNOMS des INDIVIDUS JUGÉS.	LEUR GRADE ou PROFESSION.	LIEUX de NAISSANCE.	ANALYSE DES JUGEMENS.	
1853.	12.	Godot *(Jean-Pierre)*.....	Fusilier au 2.e régim. de la garde de Paris.	Paris, départ. de la Seine.	Prévenus d'attaque et de vol, avec violence, la nuit, sur la voie publique.	Acquittés des accusations dirigées contre eux, mais attendu qu'ils se sont rendus coupables d'excès, condamnés, par forme de discipline militaire, à garder prison pendant six mois, au bout duquel temps ils retourneront à leur corps pour y continuer leur service.
Idem.	*Idem.*	Monnier *(Pierre)*......	Tamb.r au même corps.	Rouen, dép. de la Seine-Inférieure.		
Idem.	*Idem.*	Seris *(Dominique)*......	Caporal au même corps.	Paris, dép. de la Seine.	Prévenu de complicité dans ce délit et d'abus de pouvoir.	Acquitté de l'accusation dirigée contre lui, mais attendu qu'il a gardé le silence sur les excès à lui dénoncés, condamné à un mois de prison, au bout duquel temps il retournera à son corps pour y continuer son service.

Total des jugemens rendus par le 1.er Conseil de guerre pendant le mois de Fructidor an 13, ci.. 7.

Total des individus jugés pendant le même mois par ce Conseil, ci...... { présens... 10. / contumax. 0. } 10.

Pour extrait conforme aux expéditions desdits jugemens :

Le Général de Brigade Chef de l'État-major général du Gouvernement de Paris et de la première Division militaire,

CÉSAR BERTHIER.

GOUVERNEMENT DE PARIS.

1.re DIVISION MILITAIRE.

ÉTAT-MAJOR GÉNÉRAL.

Au quartier général, à Paris, le 5 Vendémiaire an 14 [27 Septembre 1805].

SERVICE DE L'ÉTAT-MAJOR GÉNÉRAL.

Du 5 au 6 Vendémiaire.

L'Officier supérieur de service à l'État-major général.................... DURAND.
Officier de santé de service à l'État-major.......................... DANTREVILLE.
Secrétaire de service à l'État-major.................................. BRUNEL.

Du 6 au 7 Vendémiaire.

Le Capitaine-Adjoint de service à l'État-major général................ DÉLON.
Officier de santé de service à l'État-major.......................... POISSON.
Secrétaire de service à l'État-major.................................. DUBOIS.

ORDRE GÉNÉRAL du 5 Vendémiaire an 14.

Toutes les fois que les troupes de la garnison, de quelque arme que ce soit, prendront les armes, ce sera toujours avec leurs bagages. Les Chefs de corps feront en sorte que les sacs contiennent tout ce qu'ils doivent contenir, et qu'il ne reste aux quartiers aucun effet des soldats.

Messieurs les Commandans des divers détachemens de toute arme de la Garde impériale sont prévenus qu'à dater de demain 6, tous les ordres du Connétable leur parviendront par le Général César *Berthier*, Chef de l'État-major général de la première Division militaire et du Gouvernement de Paris, et que c'est à lui qu'ils devront adresser leurs rapports journaliers. Il leur sera expédié des exemplaires de tous les ordres du jour depuis le 1.er vendémiaire.

Les Commandans des Subdivisions ne donneront, sous quelque prétexte que ce soit, aux militaires de tout grade, sous leurs ordres, aucune permission pour se rendre à Paris. Quand, pour le service des Corps, il sera nécessaire d'en demander, elles devront être adressées directement au Connétable; et ces permissions ne seront valables qu'autant qu'elles seront signées par lui-même. Tout militaire qui serait rencontré dans Paris sans permission, sera arrêté sur-le-champ; et le Commandant de la Subdivision sera puni, s'il n'en a pas donné avis.

Les Commandans des Subdivisions surveilleront les prisonniers de guerre qui se trouvent dans leur arrondissement; ils leur défendront expressément de se rendre à Paris, et rendront compte toutes les semaines, au Chef de l'État-major général, de l'exécution de cet ordre.

Le Prince *Louis*, Connétable, a été satisfait de la tenue des deux régimens de la garde de Paris, à la revue qu'il en a passée hier : pour leur en donner une preuve et leur témoigner la confiance qu'il a dans leur conduite et dans leur bravoure, il ordonne que la première compagnie de chaque bataillon sera composée de grenadiers; les grenadiers en porteront les marques distinctives; mais ils feront le même service qu'ils faisaient précédemment avec les autres compagnies, sans aucune distinction. Le Général *Broussiez* est chargé de la formation de ces compagnies ; il est autorisé à faire à cet effet, dans toutes les compagnies, les mutations nécessaires.

Les Colonels de la garde municipale feront faire sur-le-champ le décompte aux soldats de leurs régimens, de la seconde partie de la rétribution des spectacles. Ce décompte qui devait être fait tous les six mois, d'après les réglemens, ne l'a pas encore été ; les Colonels feront ensorte que désormais il soit fait exactement.

La retenue pour la masse de linge et chaussure continuera à être portée, dans chaque corps, à quinze centimes.

Les Colonels veilleront à ce que les Capitaines fassent chaque semaine, aux termes des réglemens militaires, le décompte de l'argent provenant des travailleurs, lequel doit être réparti entre leurs camarades.

Les Conseils d'administration s'occuperont de mettre en vigueur les réglemens militaires sur la comptabilité et l'administration des corps. Il leur est ordonné de se conformer pour les prix des différentes parties de l'habillement, à ce qui est arrêté pour l'habillement des corps de l'armée ; sous aucun prétexte, les différentes parties de l'habillement ne doivent pas coûter d'avantage.

Les livrets des sous-officiers et soldats doivent être paraphés ; les recettes et dépenses doivent y être inscrites jour par jour ; les Capitaines doivent passer la revue de linge et chaussure tous les mois, et le Colonel chaque trimestre. Sous aucun prétexte on ne doit souffrir de rature, et l'on doit avoir le plus grand soin à ce que le jour et le lieu où les effets ont été délivrés soient lisiblement écrits. Chaque homme ne doit avoir qu'un livret ; les Colonels feront supprimer ceux supplémentaires qui existent.

Aussitôt que les Conseils d'administration auront établi les registres, leur comptabilité et leur administration, conformément aux réglemens, le Général *Broussiez* en sera prévenu ; il se rendra aux Conseils d'administration pour s'en assurer, par une inspection exacte, et m'en rendra compte.

LOUIS BONAPARTE.

Pour copie conforme :

Le Général de Brigade Chef de l'État-major général du Gouvernement de Paris et de la première Division militaire,

CÉSAR BERTHIER.

EXTRAIT *des Jugemens rendus par le 2.e Conseil de guerre permanent de la 1.re Division militaire, pendant le mois de Fructidor et jours complémentaires de l'an 13.*

NUMÉROS des Jugemens.	DATES.	NOMS ET PRÉNOMS des INDIVIDUS JUGÉS.	LEUR GRADE ou PROFESSION.	LIEUX de NAISSANCE.	ANALYSE DES JUGEMENS.	
836.	6.	Cauchetier *(Charles-Antoine).*	Fusilier au 1.er régim. de la garde de Paris.	Paris, départ. de la Seine.	Convaincu de voies de fait envers un particulier et envers une femme.	Condamné à un an de prison, et mis ensuite à la disposition de l'État-major général, pour être employé selon le bien du service.
Idem.	*Idem.*	Bureau *(François)*......	*Idem*..........	S.t-Fargeau, départ. de l'Yonne.	Prévenu de complicité de ce délit.	Acquitté de l'accusation dirigée contre lui; mais attendu qu'il a manqué à l'appel, condamné, par forme de discipline, à garder prison pendant un mois.
837.	*Idem.*	Chéron *(Jean-Louis)*....	*Idem*..........	Mello, départ. de l'Oise.	Prévenu de désertion et de vente de ses effets d'habillement.	Acquitté de l'accusation de vente de ses effets d'habillement, et renvoyé, pour la prévention de désertion, devant le Conseil de guerre spécial du régiment.
838.	*Idem.*	Bonafond *(Jean)*......	Fusilier au 12.e régim. d'infanterie légère.	Caune, dép. du Tarn.	Convaincu de vol simple.	Condamné à six mois de prison, à l'expiration de laquelle peine, il sera mis à la disposition de l'État-major général.
839.	13.	Lallemand *(Nicolas)*...	Fusilier au 32.e régiment de ligne.	S.t-Quentin, dép. de l'Aisne.	*Idem*..............	*Idem.*
840.	*Idem.*	Grandseigne *(Raymond).*	Fusilier au 40.e régim. de ligne.	Paris, départ. de la Seine.	Prévenu de voies de fait envers son caporal.	Acquitté de l'accusation dirigée contre lui; mais attendu qu'il est atteint de manie constatée, mis à la disposition de l'État-major général, pour être pris à son égard les mesures que l'humanité recommande.
841.	19.	Delahaye *(Jean-François-Claude).*	Capitaine au 1.er rég. de vétérans.	Morlaix, dép. du Finistère.	Prévenu de vol d'une somme d'argent appartenant à sa compagnie, déjà condamné par contumace à la peine de six années de fers.	Acquitté, mis en liberté, et renvoyé à ses fonctions.
842.	*Idem.*	Douvener *(Jean)*.......	Vétéran au 4.e régiment.	Obergelback, dép. de la Moselle.	Convaincu de vol.....	Condamné à six mois de prison, à l'expiration de laquelle peine il sera mis à la disposition de l'État-major-général, pour être employé selon le bien du service.
843.	1.er jour complém.	Fourcault *(Louis-Léger).*	Fusilier au 1.er régim. de la garde de Paris.	Nogent-sur-Seine, dép. de l'Aube.	Prévenu de menaces envers son supérieur.	Acquitté de l'accusation dirigée contre lui; mais attendu qu'il n'a pas obéi ponctuellement et sans réplique, condamné, par forme de discipline militaire, à garder prison pendant six mois, et sera mis ensuite à la disposition de l'État-major général.

Total des jugemens rendus par le 2.e Conseil de guerre pendant le mois de Fructidor an 13, ci.. 8.

Total des individus jugés pendant le même mois par ce Conseil, ci...... { présens... 9. contumax. 0. } 9.

Pour extrait conforme aux expéditions desdits jugemens :

Le Général de Brigade Chef de l'État-major général du Gouvernement de Paris et de la première Division militaire,

CÉSAR BERTHIER.

GOUVERNEMENT DE PARIS.

1.re *DIVISION MILITAIRE.*

ÉTAT-MAJOR GÉNÉRAL.

Au quartier général, à Paris, le 6 Vendémiaire an 14 [28 Septembre 1805].

SERVICE DE L'ÉTAT-MAJOR GÉNÉRAL.

Du 6 au 7 Vendémiaire.

Le Capitaine-Adjoint de service à l'État-major général.................. DELON.
Officier de santé de service à l'État-major.......................... POISSON.
Secrétaire de service à l'État-major.................................. DUBOIS.

Du 7 au 8 Vendémiaire.

Le Capitaine-Adjoint de service à l'État-major général.................. AUCLER.
Officier de santé de service à l'État-major.......................... DANTREVILLE.
Secrétaire de service à l'État-major.................................. CORBET.

Rien de nouveau.

Le Général de Brigade Chef de l'État-major général du Gouvernement de Paris et de la première Division militaire,

CÉSAR BERTHIER.

GOUVERNEMENT DE PARIS.

1.re DIVISION MILITAIRE.

ÉTAT-MAJOR GÉNÉRAL.

Au quartier général, à Paris, le 7 Vendémiaire an 14 [29 Septembre 1805].

SERVICE DE L'ÉTAT-MAJOR GÉNÉRAL.

Du 7 au 8 Vendémiaire.

Le Capitaine-Adjoint de service à l'État-major général.................. AUCLER.
Officier de santé de service à l'État-major.............................. DANTREVILLE.
Secrétaire de service à l'État-major..................................... CORBET.

Du 8 au 9 Vendémiaire.

L'Officier supérieur de service à l'État-major général................... DURAND.
Officier de santé de service à l'État-major.............................. POISSON.
Secrétaire de service à l'État-major..................................... LECLERC.

Paris, le 20 Fructidor an 13.

LE MINISTRE-DIRECTEUR de l'Administration de la guerre,

AU GÉNÉRAL commandant la Division militaire.

PAR ma lettre du 5 prairial, Général, j'ai appelé votre attention sur l'établissement des corps-de-garde occupés par les troupes dans les différentes places de votre division. Les états que vous m'avez fait passer, m'ont fait connaître l'état de cette partie du service au 1.er messidor dernier, et me serviront à éclairer la comptabilité de l'an 13, dont je vais faire opérer la liquidation. Pour empêcher que les abus qui avaient pu s'y glisser ne se renouvellent, et avoir constamment sous les yeux les moyens d'empêcher les Fournisseurs de réclamer le paiement de fournitures fictives, j'ai cru, au moment où je viens de passer un marché général, devoir faire quelques changemens au modèle de revues adopté par le Réglement du 1.er fructidor an 8 : il y avait bien une colonne destinée à faire connaître les motifs ou ordres d'après lesquels les corps-de-garde étaient établis; mais indépendamment de ce qu'on négligeait presque toujours de la remplir, elle n'établissait point de comparaison entre un mois et l'autre, et l'on ne pouvait juger ni de la progression, ni de la nécessité de cette progression. Je joins ici un exemplaire du nouveau modèle de revues que j'ai adopté, et auquel j'ai prescrit aux Commissaires des guerres de se conformer. La revue portera à la fin un tableau comparatif qui n'exigera cependant aucun travail nouveau des Commandans d'armes, puisque j'ai chargé les Commissaires des guerres de le remplir eux-mêmes, et de ne laisser à remplir aux premiers que la colonne qui contiendra les motifs des mutations, comme ils devaient le faire d'après l'ancien modèle. Je vous prie, Général, de donner ordre à ces Commandans d'apporter la plus grande attention dans les certificats qu'ils donneront au bas des revues, en leur rappelant l'article 31 du Réglement du 1.er fructidor an 8, qui les rend particulièrement responsables des fournitures faites à des corps-de-garde qu'ils conserveraient ou établiraient sans une nécessité absolue. Je ne doute pas, Général, que vous ne me secondiez dans le desir que j'ai d'établir et de maintenir le plus grand ordre dans cette partie du service, en y apportant vous-même la plus grande surveillance, pour épargner au Gouvernement des dépenses inutiles, et qui ne peuvent jamais tourner au profit des troupes.

J'ai l'honneur de vous saluer.

DEJEAN.

Les Généraux commandant les Subdivisions de la première Division militaire, et les Commandans d'armes, voudront bien se conformer aux dispositions prescrites dans la circulaire ci-dessus, et rendre compte de leur exécution au Chef de l'État-major général.

LOUIS BONAPARTE.

Le Général de Brigade Chef de l'État-major général du Gouvernement de Paris et de la première Division militaire,

CÉSAR BERTHIER.

DIVISION MILITAIRE.

PLACE
ET ARRONDISSEMENT
de

MOIS
de an

MODÈLE DE REVUE.

CORPS-DE-GARDE.

REVUE faite le an par moi Commissai[re] des guerres employé à pour constater le nombre [des] Corps-de-garde occupés dans cette Place et Arrondissement pendan[t] le mois de et les Fournitures en Chauffage [et] Lumière qui y ont été faites conformément au Réglement du

PLACES ou COMMUNES.	EMPLACEMENT des CORPS-DE-GARDE.	PAR qui OCCUPÉS.	LEUR NOMBRE.	LEUR CLASSE ET LE NOMBRE DE JOURS QU'ILS ONT ÉTÉ OCCUPÉS.											
				1.re CLASSE. Pendant les			2.e CLASSE. Pendant les			3.e CLASSE. Pendant les			4.e CLASSE. Pendant les		
				mois d'hiver.	prem.ers ou derniers mois d'hiver.	mois d'été.	mois d'hiver.	prem.ers ou derniers mois d'hiver.	mois d'été.	mois d'hiver.	prem.ers ou derniers mois d'hiver	mois d'été.	mois d'hiver.	prem.ers ou derniers mois d'hiver.	mois d'été.
		TOTAUX des journées..													

DÉCOMPTE des Fournitures qui ont été faites à ces Corps-de-garde.

	QUANTITÉS DE COMBUSTIBLES QUI ONT ÉTÉ FOURNIS.							
	BOIS		CHARBON de terre	BRIQUETTES de houille	TOURBES de marais	TOURBES de tanneurs	CHANDELLE	HUILE
	au stère.	au myriagramme.	au myriagramme.	au nombre.	au nombre.	au nombre.	au kilogramme.	au kilogramme.
Journées de première classe sur le pied des mois à raison de de								
Journées de deuxième classe sur le pied des mois à raison de de								
TOTAUX des Fournitures........								

Lesquels à raison de
rix fixé par le marché de l'Entrepreneur, font la somme de

Fait et arrêté par moi Commissaire des guerres, la présente Revue et le Décompte qui est à la suite, aux uantités de et à la somme de payer à M. conformément à son marché.

Fait à le an

Le Commandant de la Place de certifie que pendant le temps indiqué dans a présente Revue, il a réellement existé le nombre de Corps-de-garde compris au Tableau ci-après.

	DE 1.re classe.	DE 2.e classe.	DE 3.e classe.	DE 4.e classe.	TOTAL.	MOTIFS DES AUGMENTATIONS survenues depuis la dernière revue.
Conformément à la présente Revue pour le nois de il existe Corps-de-garde, dont....						
Par la Revue du mois précédent de l existait Corps-de-garde, dont...						
AUGMENTATION....... ou DIMINUTION...........						

FAIT à le an

GOUVERNEMENT DE PARIS.

1.re *DIVISION MILITAIRE.*

ÉTAT-MAJOR GÉNÉRAL.

Au quartier général, à Paris, le 8 Vendémiaire an 14 [30 Septembre 1805].

SERVICE DE L'ÉTAT-MAJOR GÉNÉRAL.

Du 8 au 9 Vendémiaire.

Le Capitaine-Adjoint de service à l'État-major général.................... DURAND.

Officier de santé de service à l'État-major.............................. POISSON.

Secrétaire de service à l'État-major..................................... LECLERC.

Du 9 au 10 Vendémiaire.

Le Capitaine-Adjoint de service à l'État-major général.................... DELON.

Officier de santé de service à l'État-major.............................. DANTREVILLE.

Secrétaire de service à l'État-major..................................... GEORGE.

ORDRE GÉNÉRAL du 8 Vendémiaire an 14.

Toutes les fois que les troupes de la garnison prendront les armes, les Colonels feront ensorte que tous leurs hommes disponibles soient présens; ils justifieront de l'absence de ceux qui ne s'y trouveront pas, par un état nominatif : la cause de l'absence sera motivée; ils ne pourront porter sur cet état que les hommes restés au quartier pour la cuisine, les ouvriers et les hommes punis du cachot ou de la prison de la ville. Les travailleurs ne doivent pas être dispensés de paraître au rassemblement des régimens; ils se trouveront à toutes les manœuvres, revues et parades, et le nombre des travailleurs ne pourra être de plus de six par compagnie. Quant aux malades, ils seront portés sur un autre état signé par le Chirurgien major du régiment, constatant la nature de l'indisposition des Officiers, Sous-officiers et Soldats, et qu'elle les empêche de se trouver sous les armes. Les hommes de service seront portés collectivement au bas de la situation du régiment; mais le nombre des postes et leur force seront désignés.

Il est expressément enjoint aux Chefs de corps de faire paraître tous les hommes qui composent leurs régimens; ils sont prévenus qu'ils seront responsables de la moindre inexactitude qui se trouverait sur leurs situations.

Les hommes non encore habillés, ceux qui seraient à la salle de police ou consignés, les ouvriers qui ne seraient pas occupés, devront se trouver constamment aux rassemblemens de leurs régimens : le général *Broussier* est responsable de la stricte exécution de cet ordre.

Les états de situation pour toutes les troupes de la 1.re Division militaire et de la garnison de Paris, seront augmentés de deux colonnes, l'une destinée à rappeler la dernière situation, et l'autre à motiver la différence.

Les Conseils d'administration des régimens de vétérans qui se trouvent dans ce moment dans l'étendue de la 1.re Division militaire, seront composés, pour l'an 14, conformément au décret de leur formation. Le Chef d'État-major général me rendra compte de leur composition actuelle.

LOUIS BONAPARTE.

Pour copie conforme :

Le Général de Brigade Chef de l'État-major général du Gouvernement de Paris et de la première Division militaire,

CÉSAR BERTHIER.

GOUVERNEMENT DE PARIS.

1.re DIVISION MILITAIRE.

ÉTAT-MAJOR GÉNÉRAL.

Au quartier général, à Paris, le 9 Vendémiaire an 14 [1.er Octobre 1805].

SERVICE DE L'ÉTAT-MAJOR GÉNÉRAL.

Du 9 au 10 Vendémiaire.

Le Capitaine-Adjoint de service à l'État-major général.................. DELON.

Officier de santé de service à l'État-major.......................... DANTREVILLE.

Secrétaire de service à l'État-major.................................. GEORGE.

Du 10 au 11 Vendémiaire.

Le Capitaine-Adjoint de service à l'État-major général.................. AUCLER.

Officier de santé de service à l'État-major.......................... POISSON.

Secrétaire de service à l'État-major.................................. LAMOUREUX.

ORDRE GÉNÉRAL.

Conformément à l'article 9 de l'Arrêté du 4 germinal an 8, qui organise les Corps de Vétérans nationaux,

Le Conseil d'administration de chaque Demi-brigade de Vétérans doit être composé,

du Chef de Brigade,
de trois Capitaines,
Et de trois Lieutenans.

Les Capitaines et Lieutenans seront pris, à tour de rôle, dans les Bataillons, de manière qu'il y ait toujours dans le Conseil un Capitaine et un Lieutenant de chaque Bataillon.

Le Chef de Brigade sera remplacé, en cas d'absence, par le plus ancien Chef de Bataillon.

Les Conseils d'administration des 1.re, 4.e et 10.e Demi-brigades de Vétérans, pour l'an 14 et l'an 1806, seront composés des sept membres désignés dans l'Arrêté ci-dessus, de deux Chefs de Bataillon, les plus anciens de grade; ce qui portera le nombre des membres des Conseils à neuf. Cette mesure sera provisoire.

Le Général *Broussier* est chargé d'installer les Conseils d'administration dans les 4.e et 10.e Demi-brigades, conformément au présent Ordre.

Le Général Chef de l'État-major général est chargé de faire installer celui de la 1.re Demi-brigade.

Conformément aux Réglemens, les Conseils d'administration doivent être convoqués par l'Ordre du jour du Régiment. Il est défendu à tous les membres du Conseil d'administration de rien signer isolément, et de se considérer comme membres du Conseil d'administration ailleurs que dans le lieu ordinaire des séances, qui ne peut être que chez le Chef de Brigade.

Toutes les fois que des membres du Conseil seront absens du Corps, ils seront remplacés, conformément à l'Arrêté du 4 germinal an 8, par des suppléans, à tour de rôle, et par ancienneté: les noms de ces suppléans, et les motifs d'absence de ceux qu'ils remplaceront, seront désignés dans l'Ordre du Régiment qui convoque le Conseil.

Les Chefs de Brigade sont personnellement responsables de l'exécution de cet Ordre.

LOUIS BONAPARTE.

Pour copie conforme :

Le Général de Brigade Chef de l'État-major général du Gouvernement de Paris et de la première Division militaire,

CÉSAR BERTHIER.

GOUVERNEMENT DE PARIS.

1.re *DIVISION MILITAIRE.*

ÉTAT-MAJOR GÉNÉRAL.

Au quartier général, à Paris, le 10 Vendémiaire an 14 [2 Octobre 1805].

SERVICE DE L'ÉTAT-MAJOR GÉNÉRAL.

Du 10 au 11 Vendémiaire.

Le Capitaine-Adjoint de service à l'État-major général	AUCLER.
Officier de santé de service à l'État-major	POISSON.
Secrétaire de service à l'État-major	LAMOUREUX.

Du 11 au 12 Vendémiaire.

L'Officier supérieur de service à l'État-major général	DURAND.
Officier de santé de service à l'État-major	DANTREVILLE.
Secrétaire de service à l'État-major	BRUNEL.

Rien de nouveau.

Le Général de Brigade Chef de l'État-major général du Gouvernement de Paris et de la première Division militaire,

CÉSAR BERTHIER.

GOUVERNEMENT DE PARIS.

1.re DIVISION MILITAIRE.

ÉTAT-MAJOR GÉNÉRAL.

Au quartier général, à Paris, le 11 Vendémiaire an 14 [3 Octobre 1805].

SERVICE DE L'ÉTAT-MAJOR GÉNÉRAL.

Du 11 au 12 Vendémiaire.

fficier supérieur de service à l'État-major général.................... DEBON.
cier de santé de service à l'État-major.......................... DANTREVILLE.
étaire de service à l'État-major.................................. BRUNEL.

Du 12 au 13 Vendémiaire.

ficier supérieur de service à l'État-major général.................... DURAND.
ier de santé de service à l'État-major.......................... POISSON.
taire de service à l'État-major.................................. DUBOIS.

ORDRE GÉNÉRAL.

le Commissaire des guerres *Rolland* ayant eu ordre de se rendre à l'armée d'Italie, il est remplacé, es fonctions qui lui étaient attribuées, par M. le Commissaire des guerres *Fornier*, dont le domicile e de Grammont, n.° 6.

déserteurs qui doivent être conduits à leurs corps pour y être jugés contradictoirement, et qui se ıt aux dépôts en ce moment, y resteront jusqu'à nouvel ordre.

le Sous-inspecteur aux revues *Bremont* est chargé d'examiner attentivement l'administration de la ne partie de la rétribution des spectacles et celle de la masse des travailleurs dans les compagnies des orps de la Garde municipale, et dans celles des deux régimens de Vétérans; il assemblera à cet Conseils d'administration de ces régimens, et se fera donner tous les renseignemens qui pourront nécessaires.

rifiera l'administration de l'habillement dans ces régimens, celles de la masse de linge et chaussure; era de la véracité des notes ci-jointes, et me rendra compte de son travail.

LOUIS BONAPARTE.

Pour copie conforme :

Le Général de Brigade Chef de l'État-major général du Gouvernement de Paris et de la première Division militaire,

CÉSAR BERTHIER.

GOUVERNEMENT DE PARIS.

1.re DIVISION MILITAIRE.

ÉTAT-MAJOR GÉNÉRAL.

Au quartier général, à Paris, le 12 Vendémiaire an 14 [4 Octobre 1805].

SERVICE DE L'ÉTAT-MAJOR GÉNÉRAL.

Du 12 au 13 Vendémiaire.

L'Officier supérieur de service à l'État-major général.......................... DURAND.
Officier de santé de service à l'État-major.............................. POISSON.
Secrétaire de service à l'État-major.................................. DUBOIS.

Du 13 au 14 Vendémiaire.

Le Capitaine adjoint de service à l'État-major général....................... AUCLER.
Officier de santé de service à l'État-major.............................. DANTREVILLE.
Secrétaire de service à l'État-major.................................. CORBET.

ORDRE GÉNÉRAL.

Paris, le 2 Vendémiaire an 14.

A Son Altesse Impériale le Prince LOUIS, *Connétable, Gouverneur de Paris.*

MONSEIGNEUR,

J'ai l'honneur de transmettre à votre Altesse Impériale un exemplaire du Décret impérial du 3.e jour complémentaire dernier, qui fixe le rang des Sous-officiers et Soldats de la Garde impériale, lorsqu'ils se trouveront de service avec la Troupe de ligne.

Je prie votre Altesse Impériale de faire surveiller l'exécution de ce Décret par les Généraux employés sous ses ordres, lorsque les circonstances y donneront lieu ; je le communique aux Chefs de Corps.

Je prie votre Altesse impériale d'agréer l'hommage de mon profond respect.

Le Ministre de la guerre,
Signé ALEX. BERTHIER.

EXTRAIT des Minutes de la secrétairerie d'état.

Au palais de Saint-Cloud, le 3.e jour Complémentaire an XIII.

NAPOLÉON, EMPEREUR DES FRANÇAIS, ROI D'ITALIE;
Sur le rapport de notre ministre de la guerre;
Notre Conseil d'état entendu,

Nous avons DÉCRÉTÉ et DÉCRÉTONS ce qui suit :

ART. 1.er Tous les soldats de la garde impériale, et les vélites lorsqu'ils auront été incorporés dans ladite garde, auront rang de sergent ou de maréchal-des-logis, selon l'arme dans laquelle ils serviront, dès qu'ils auront cinq ans de service, soit dans la garde impériale, soit dans un autre corps de troupe de ligne.

Tous les caporaux et brigadiers, rang de sergent-major ou de maréchal-des-logis chef;

Tous les fourriers, tous les sergens et maréchaux-des-logis, rang d'adjudant sous-officier ;

Tous les sergens-majors et maréchaux-des-logis chefs, rang de sous-lieutenant.

2. Il n'est rien innové par le présent décret, à la solde, masse et au traitement des différens corps et des différens grades de la garde ; il n'est rien innové non plus aux marques distinctives des différens grades, ni aux réglemens de discipline et subordination qui existent entre eux.

3. Les soldats et cavaliers de la garde impériale seront commandés par tous les maréchaux-des-logis et sergens, mais commanderont à tous les caporaux et brigadiers.

Les caporaux et brigadiers seront commandés par tous les sergens-majors et maréchaux-des-logis chefs, mais commanderont à tous les sergens et maréchaux-des-logis.

Les maréchaux-des-logis seront commandés par tous les adjudans sous-officiers, mais commanderont à tous les sergens-majors et maréchaux-des-logis chefs.

Les maréchaux-des-logis chefs et les sergens-majors de la garde seront commandés par tous les sous-lieutenans, mais commanderont à tous les adjudans sous-officiers et à tous les sergens-majors et maréchaux-des-logis chefs.

4. Pour constater les rangs accordés par le présent décret aux différens grades de la garde impériale, il sera délivré à chacun des individus qui la composent, des commissions desdits rangs, signées par les colonels généraux de la garde, chacun pour le corps qu'il commande.

5. Notre ministre de la guerre est chargé de l'exécution du présent décret.

Signé NAPOLÉON.

Par l'Empereur :

Le Secrétaire d'état, HUGUES B. MARET.

Le Ministre de la Guerre,

Signé M.al BERTHIER.

Pour amplication :

L'Inspecteur en chef aux revues, Secrétaire général, signé DENNIÉE.

Pour copie conforme :

Le Général de Brigade Chef de l'État-major général du Gouvernement de Paris et de la première Division militaire,

CÉSAR BERTHIER.

GOUVERNEMENT DE PARIS.

1.re *DIVISION MILITAIRE.*

ÉTAT-MAJOR GÉNÉRAL.

Au quartier général, à Paris, le 14 Vendémiaire an 14 [6 Octobre 1805].

SERVICE DE L'ÉTAT-MAJOR GÉNÉRAL.

Du 14 au 15 Vendémiaire.

Le Capitaine-adjoint de service à l'État-major général................... AUCLER.
Officier de santé de service à l'État-major........................... POISSON.
Secrétaire de service à l'État-major................................. LECLERC.

Du 15 au 16 Vendémiaire.

L'Officier supérieur de service à l'État-major général.................. DEBON.
Officier de santé de service à l'État-major........................... DANTREVILLE.
Secrétaire de service à l'État-major................................. GEORGE.

ORDRE GÉNÉRAL du 13 Vendémiaire an 14.

LES enfans de troupe pour les régimens de la Garde municipale compteront dans les compagnies; et seront traités comme les enfans de troupe des régimens de ligne, quant à leur solde et leur habillement.

Les Conseils d'administration adresseront les demandes d'admission au Général *Broussier*, qui décidera de leur adoption ou de leur rejet.

En conséquence de cet ordre, il ne sera rien distrait de la rétribution des spectacles pour la solde des enfans de troupe.

Toutes les fois qu'il y aura parade, tous les Corps de la garnison devront s'y trouver sans aucune exception : les Colonels rendront compte, conformément à l'ordre du 8 de ce mois, des Officiers de tout grade, Sous-officiers et Soldats absens.

Tous les détachemens de la Garde impériale, les seuls Vétérans de la Garde exceptés, devront s'y trouver.

Les Colonels et Commandans de Corps ne pourront se dispenser de commander leurs régimens. Pendant que l'on passe dans les rangs, tous les Officiers doivent rester à leur place, à la seule exception du Colonel qui doit suivre celui qui passe la revue.

Les Officiers généraux, Officiers supérieurs, Adjoints aux États-majors, et Adjudans de place employés à Paris, devront s'y trouver sans aucune exception.

Le jour où il y aura parade, les détachemens des divers corps qui devront relever les postes, s'y trouveront; ils seront réunis sous le commandement d'un Adjudant de Place, et ils partiront pour rejoindre leur poste respectif, dès qu'ils auront défilés, et sans s'arrêter.

Le mot d'ordre du jour sera donné avant que les troupes aient défilées, et l'on aura soin, pour tous les détails concernant les parades, de suivre strictement les réglemens militaires.

Demain dimanche, la parade aura lieu à dix heures précises du matin sur la place de la Concorde.

Les Sous-officiers et Soldats de la Garde municipale sont prévenus que l'appel fait par sa Majesté l'Empereur aux Sous-officiers et Soldats retirés, ne peut les concerner en aucune manière, de même que les dispositions qui ordonnent de leur rendre leur ancien grade. Cet arrêté n'est relatif qu'aux Sous-officiers et Soldats qui ont obtenu leur retraite.

Le Colonel du 1.er Régiment de la Garde municipale présentera au Général *Broussier* les sept recrues qui lui sont arrivées hier. A l'avenir, les Colonels des Régimens municipaux ne recevront aucun homme s'il n'a été présenté au Général *Broussier*, qui, après avoir visité leurs papiers, et s'être assuré de leurs services et de leur conduite, prononcera de leur admission ou de leur rejet.

Signé LOUIS BONAPARTE.

Pour copie conforme :

Le Général de Brigade Chef de l'État-major général du Gouvernement de Paris et de la première Division militaire,

CÉSAR BERTHIER.

GOUVERNEMENT DE PARIS.

1.re *DIVISION MILITAIRE.*

ÉTAT-MAJOR GÉNÉRAL.

Au quartier général, à Paris, le 15 Vendémiaire an 14 [7 Octobre 1805].

SERVICE DE L'ÉTAT-MAJOR GÉNÉRAL.

Du 15 au 16 Vendémiaire.

L'Officier supérieur de service à l'État-major général.................... DEBON.
Officier de santé de service à l'État-major............................ DANTREVILLE.
Secrétaire de service à l'État-major.................................. GEORGE.

Du 16 au 17 Vendémiaire.

L'Officier supérieur de service à l'État-major général.................... DURAND.
Officier de santé de service à l'État-major............................ POISSON.
Secrétaire de service à l'État-major.................................. LAMOUREUX.

Rien de nouveau.

Le Général de Brigade Chef de l'État-major général du Gouvernement de Paris et de la première Division militaire,

CÉSAR BERTHIER.

GOUVERNEMENT DE PARIS.

1.re DIVISION MILITAIRE.

ÉTAT-MAJOR GÉNÉRAL.

Au quartier général, à Paris, le 16 Vendémiaire an 14 [8 Octobre 1805].

SERVICE DE L'ÉTAT-MAJOR GÉNÉRAL.

Du 16 au 17 Vendémiaire.

L'Officier supérieur de service à l'État-major général........................ DURAND.
Officier de santé de service à l'État-major............................ POISSON.
Secrétaire de service à l'État-major................................ LAMOUREUX.

Du 17 au 18 Vendémiaire.

Le Capitaine-Adjoint de service à l'État-major général.................. DELON.
Officier de santé de service à l'État-major............................ DANTREVILLE.
Secrétaire de service à l'État-major................................ BRUNEL.

Rien de nouveau.

Le Général de Brigade Chef de l'État-major général du Gouvernement de Paris et de la première Division militaire,

CÉSAR BERTHIER.

GOUVERNEMENT DE PARIS.

1.re *DIVISION MILITAIRE.*

ÉTAT-MAJOR GÉNÉRAL.

Au quartier général, à Paris, le 17 Vendémiaire an 14 [9 Octobre 1805].

SERVICE DE L'ÉTAT-MAJOR GÉNÉRAL.

Du 17 au 18 Vendémiaire.

Le Capitaine-Adjoint de service à l'État-major général..................	DELON.
Officier de santé de service à l'État-major....................................	DANTREVILLE.
Secrétaire de service à l'État-major..	BRUNEL.

Du 18 au 19 Vendémiaire.

Le Capitaine-Adjoint de service à l'État-major général..................	AUCLER.
Officier de santé de service à l'État-major....................................	POISSON.
Secrétaire de service à l'État-major..	LAMOUREUX.

ORDRE GÉNÉRAL.

En conséquence des ordres de Son Altesse impériale, il y aura une parade particulière sur la place dite *du vieux Louvre*, tous les jeudis de chaque semaine, composée seulement des troupes devant monter la garde pour le service du jour.

L'Adjudant-commandant *Doucet*, Sous-chef de l'État-major du Gouvernement, en fera l'inspection, et fera défiler ces troupes.

Messieurs les Officiers généraux et supérieurs employés dans le Gouvernement, devront s'y rendre. Cette parade aura lieu à onze heures précises.

Les rapports seront remis à Son Altesse impériale, comme à l'ordinaire, à midi.

Le Général de Brigade Chef de l'État-major général du Gouvernement de Paris et de la première Division militaire,

CÉSAR BERTHIER.

GOUVERNEMENT DE PARIS.

1.re *DIVISION MILITAIRE.*

ÉTAT-MAJOR GÉNÉRAL.

Au quartier général, à Paris, le 18 Vendémiaire an 14 [10 Octobre 1805].

SERVICE DE L'ÉTAT-MAJOR GÉNÉRAL.

Du 18 au 19 Vendémiaire.

Le Capitaine-Adjoint de service à l'État-major général.................. AUCLER.
Officier de santé de service à l'État-major.......................... POISSON.
Secrétaire de service à l'État-major................................ LAMOUREUX.

Du 19 au 20 Vendémiaire.

L'Officier supérieur de service à l'État-major général.................. DEBON.
Officier de santé de service à l'État-major.......................... DANTREVILLE.
Secrétaire de service à l'État-major................................ CORBET.

Rien de nouveau.

Le Général de Brigade Chef de l'État-major général du Gouvernement de Paris et de la première Division militaire,

CÉSAR BERTHIER.

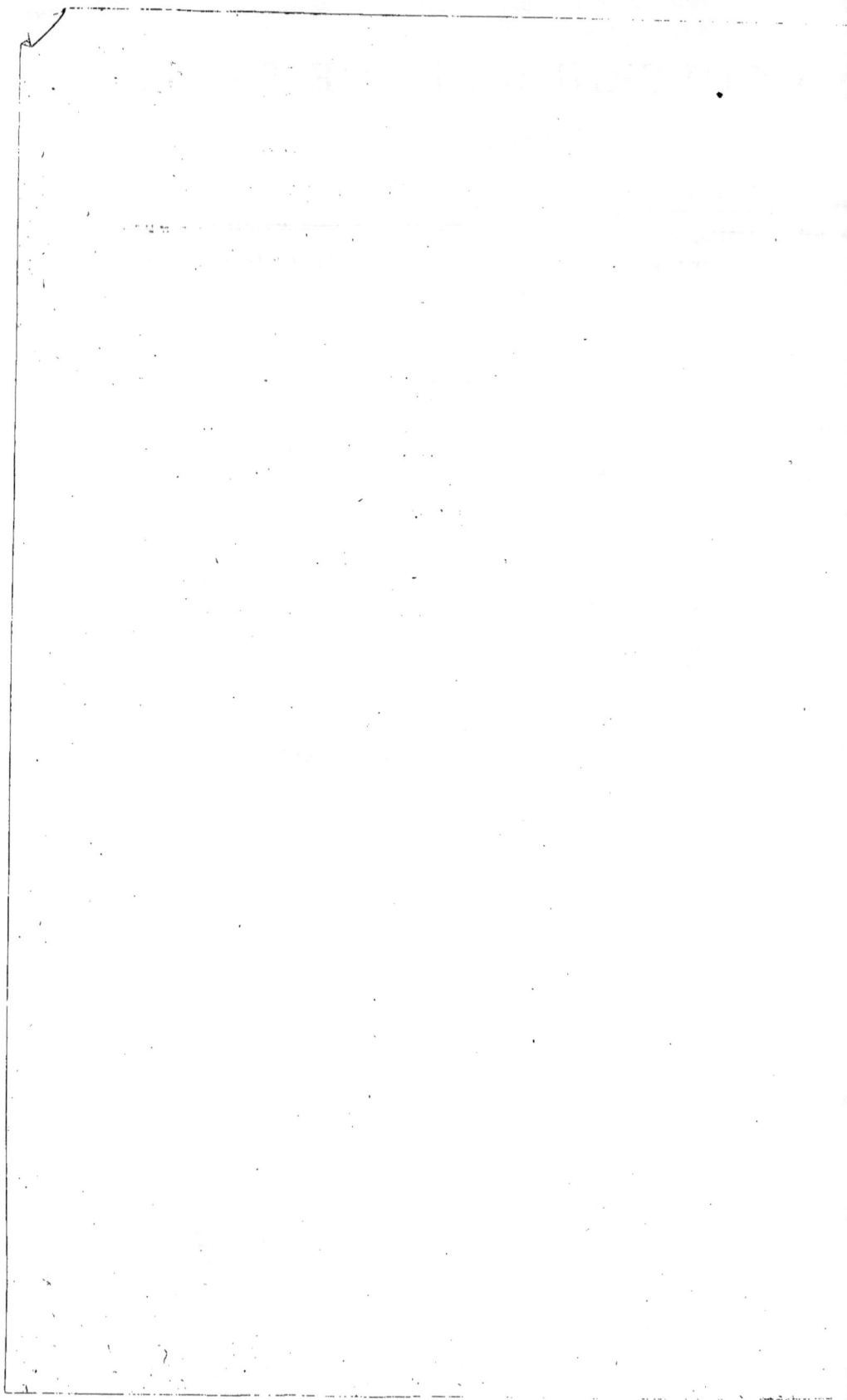

GOUVERNEMENT DE PARIS.

1.re *DIVISION MILITAIRE.*

ÉTAT-MAJOR GÉNÉRAL.

Au quartier général, à Paris, le 19 Vendémiaire an 14 [11 Octobre 1805].

SERVICE DE L'ÉTAT-MAJOR GÉNÉRAL.

Du 19 au 20 Vendémiaire.

L'Officier supérieur de service à l'État-major général.......................... DEBON.
Officier de santé de service à l'État-major.......................... DANTREVILLE.
Secrétaire de service à l'État-major.......................... CORBET.

Du 20 au 21 Vendémiaire.

L'Officier supérieur de service à l'État-major général.......................... DURAND.
Officier de santé de service à l'État-major.......................... POISSON.
Secrétaire de service à l'État-major.......................... LECLERC.

Rien de nouveau.

Le Général de Brigade Chef de l'État-major général du Gouvernement de Paris et de la première Division militaire,

CÉSAR BERTHIER.

GOUVERNEMENT DE PARIS.

1.re *DIVISION MILITAIRE.*

ÉTAT-MAJOR GÉNÉRAL.

Au quartier général, à Paris, le 20 Vendémiaire an 14 [12 Octobre 1805].

SERVICE DE L'ÉTAT-MAJOR GÉNÉRAL.

Du 20 au 21 Vendémiaire.

L'Officier supérieur de service à l'État-major général........................ DURAND.
Officier de santé de service à l'État-major........................ POISSON.
Secrétaire de service à l'État-major........................ LECLERC.

Du 21 au 22 Vendémiaire.

Le Capitaine adjoint de service à l'État-major général........................ DELON.
Officier de santé de service à l'État-major........................ DANTREVILLE.
Secrétaire de service à l'État-major........................ LAMOUREUX.

Rien de nouveau.

Le Général de Brigade Chef de l'État-major général du Gouvernement de Paris et de la première Division militaire,

CÉSAR BERTHIER.

[illegible]

[illegible]

[illegible]

[illegible]

[illegible]

[illegible]

[illegible] ....

[illegible] ....

[illegible] ....

[illegible] ....

[illegible] ....

[illegible]

GOUVERNEMENT DE PARIS.

1.re DIVISION MILITAIRE.

ÉTAT-MAJOR GÉNÉRAL.

Au quartier général, à Paris, le 21 Vendémiaire an 14 [13 Octobre 1805].

SERVICE DE L'ÉTAT-MAJOR GÉNÉRAL.

Du 21 au 22 Vendémiaire.

Le Capitaine adjoint de service à l'État-major général.................. DELON.
Officier de santé de service à l'État-major.......................... DANTREVILLE.
Secrétaire de service à l'État-major................................ GEORGE.

Du 22 au 23 Vendémiaire.

L'Officier supérieur de service à l'État-major général.................. AUCLER.
Officier de santé de service à l'État-major.......................... POISSON.
Secrétaire de service à l'État-major................................ LAMOUREUX.

ORDRE GÉNÉRAL du 21 Vendémiaire an 14.

Il est défendu, sous la responsabilité personnelle des Chhefs de corps, de faire aucune retenue sur la solde des troupes, autre que celles autorisées par les lois et les réglemens militaires pour la masse de linge et chaussure.

Lorsque les besoins urgens d'un régiment nécessiteront une retenue extraordinaire sur la solde, la demande m'en sera faite par le Chef du corps : si l'avis de l'Inspecteur aux revues du corps est favorable, et si la nécessité m'en est bien démontrée, je l'autoriserai ; mais elle ne pourra avoir lieu que du jour où elle sera mise à l'ordre de la division ou du régiment.

Toutes les retenues qui pourraient exister dans les régimens de toute arme de la 1.re Division militaire, et qui ne sont pas prescrites par les réglemens militaires, cesseront d'avoir lieu à compter de ce jour; le décompte en sera fait à chaque soldat, avant le 1.er brumaire.

Les Généraux sous les ordres desquels les corps se trouvent dans l'étendue de la 1.re Division militaire, sont chargés de l'exécution de cet Ordre, sous leur responsabilité.

LOUIS BONAPARTE.

Pour copie conforme :

Le Général de Brigade Chef de l'État-major général du Gouvernement de Paris et de la première Division militaire,

CÉSAR BERTHIER.

GOUVERNEMENT DE PARIS.

1.re *DIVISION MILITAIRE.*

ÉTAT-MAJOR GÉNÉRAL.

Au quartier général, à Paris, le 22 Vendémiaire an 14 [14 Octobre 1805].

SERVICE DE L'ÉTAT-MAJOR GÉNÉRAL.

Du 22 au 23 Vendémiaire.

Capitaine adjoint de service à l'État-major général	AUCLER.
fficier de santé de service à l'État-major	POISSON.
crétaire de service à l'État-major	LAMOUREUX.

Du 23 au 24 Vendémiaire.

Officier supérieur de service à l'État-major général	DEBON.
fficier de santé de service à l'État-major	DANTREVILLE.
crétaire de service à l'État-major	BRUNEL.

ORDRE GÉNÉRAL du 22 Vendémiaire an 14.

LES Troupes composant la garnison de Paris, et celles faisant partie de la 1.re Division militaire, pprendront avec plaisir, que la grande armée, conduite par sa Majesté l'Empereur au centre de Allemagne, a tourné la droite de l'armée ennemie, a passé le Danube et le Lech, dans les journées des 5 et 16 vendémiaire, et s'est emparée, après deux heures de combat, d'une Division ennemie, composée de douze Bataillons de Grenadiers, de quatre Escadrons des Cuirassiers d'Albert; drapeaux, bagages, anons, rien n'est échappé.

LOUIS BONAPARTE.

Pour copie conforme :

Le Général de Brigade Chef de l'État-major général du Gouvernement de Paris et de la première Division militaire,

CÉSAR BERTHIER.

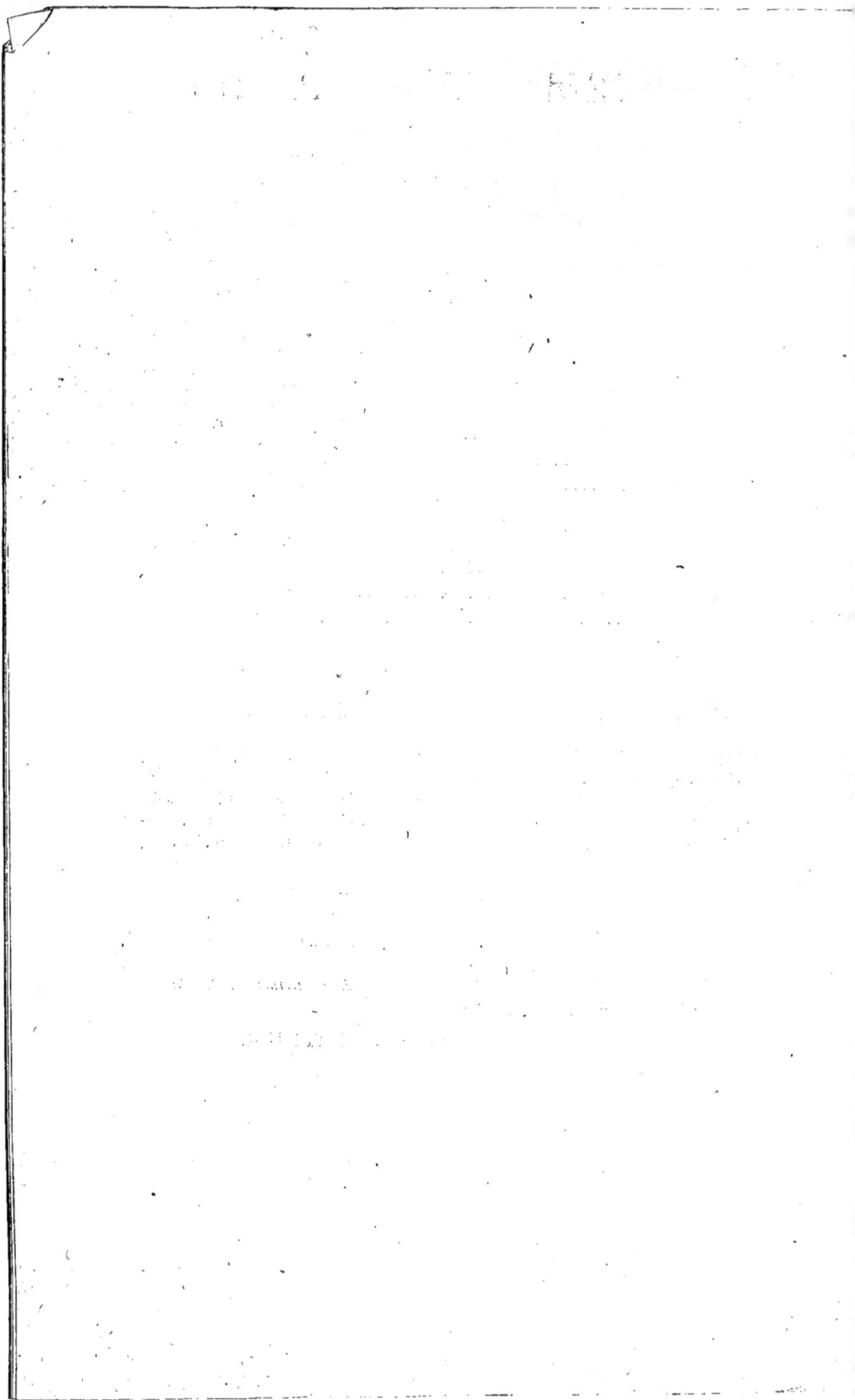

GOUVERNEMENT DE PARIS.

1.re *DIVISION MILITAIRE.*

ÉTAT-MAJOR GÉNÉRAL.

Au quartier général, à Paris, le 23 Vendémiaire an 14 [15 Octobre 1805].

SERVICE DE L'ÉTAT-MAJOR GÉNÉRAL.

Du 23 au 24 Vendémiaire.

L'Officier supérieur de service à l'État-major général.................... DEBON.
Officier de santé de service à l'État-major.......................... DANTREVILLE.
Secrétaire de service à l'État-major.............................. BRUNEL.

Du 24 au 25 Vendémiaire.

L'Officier supérieur de service à l'État-major général.................... DURAND.
Officier de santé de service à l'État-major.......................... POISSON.
Secrétaire de service à l'État-major.............................. DUBOIS.

Rien de nouveau.

Le Général de Brigade Chef de l'État-major général du Gouvernement de Paris et de la première Division militaire,

CÉSAR BERTHIER.

[illegible]

[illegible]

[illegible]

[illegible]

GOUVERNEMENT DE PARIS.

1.re *DIVISION MILITAIRE.*

ÉTAT-MAJOR GÉNÉRAL.

Au quartier général, à Paris, le 24 Vendémiaire an 14 [16 Octobre 1805].

SERVICE DE L'ÉTAT-MAJOR GÉNÉRAL.

Du 24 au 25 Vendémiaire.

L'Officier supérieur de service à l'État-major général........ DURAND.
Officier de santé de service à l'État-major........ POISSON.
Secrétaire de service à l'État-major........ DUBOIS.

Du 25 au 26 Vendémiaire.

Le Capitaine-adjoint de service à l'État-major général........ DELON.
Officier de santé de service à l'État-major........ DANTREVILLE.
Secrétaire de service à l'État-major........ CORBET.

Rien de nouveau.

Le Général de Brigade Chef de l'État-major général du Gouvernement de Paris et de la première Division militaire,

CÉSAR BERTHIER.

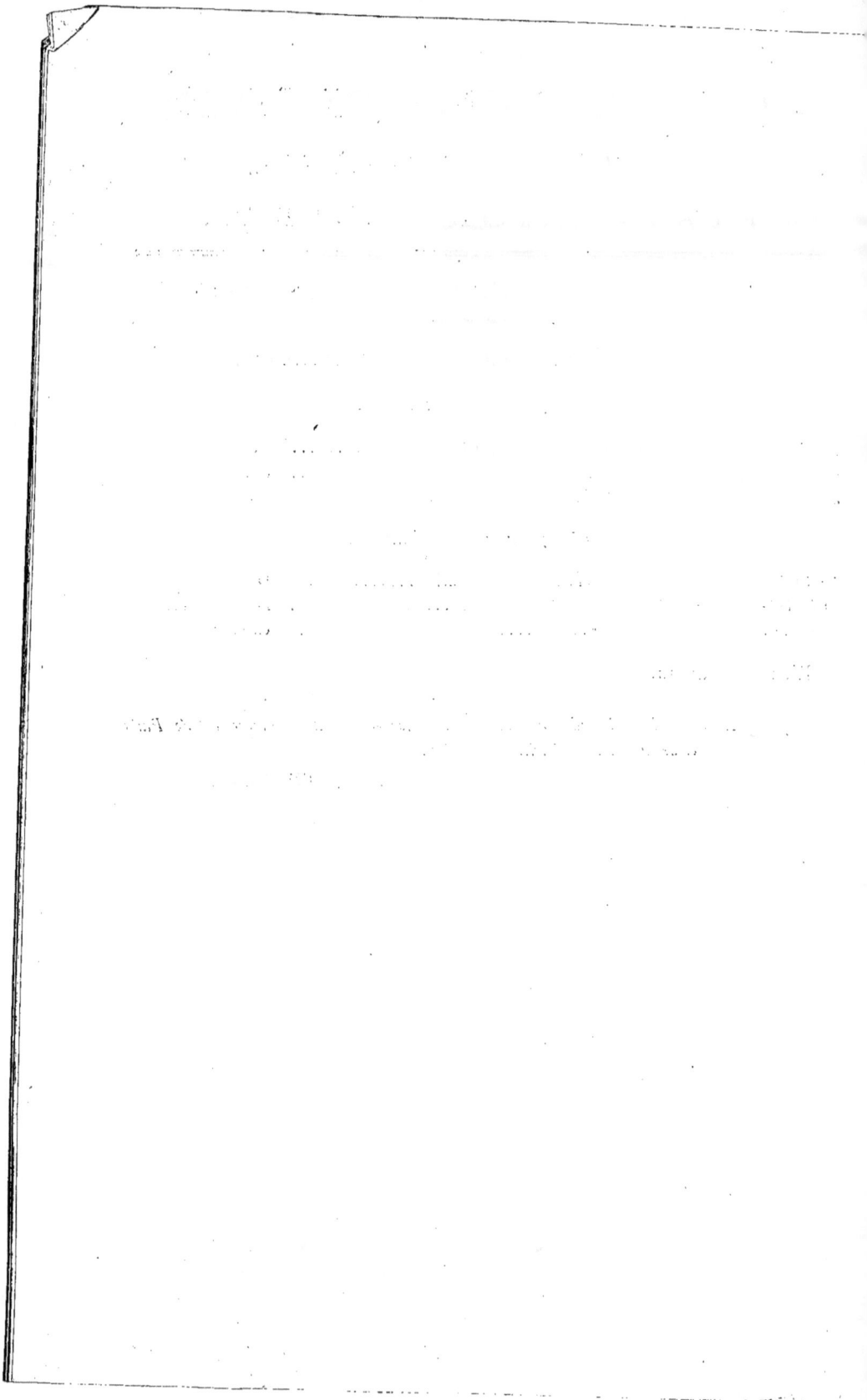

GOUVERNEMENT DE PARIS.

1.re *DIVISION MILITAIRE.*

ÉTAT-MAJOR GÉNÉRAL.

Au quartier général, à Paris, le 25 Vendémiaire an 14 [17 Octobre 1805].

SERVICE DE L'ÉTAT-MAJOR GÉNÉRAL.

Du 25 au 26 Vendémiaire.

Le Capitaine-adjoint de service à l'État-major général.................. DELON.
Officier de santé de service à l'État-major.......................... DANTREVILLE.
Secrétaire de service à l'État-major................................. CORBET.

Du 26 au 27 Vendémiaire.

Le Capitaine-adjoint de service à l'État-major général.................. AUCLER.
Officier de santé de service à l'État-major.......................... POISSON.
Secrétaire de service à l'État-major................................. GEORGE.

Rien de nouveau.

Le Général de Brigade Chef de l'État-major général du Gouvernement de Paris et de la première Division militaire,

CÉSAR BERTHIER.

[illegible]

[illegible]

[illegible]

[illegible]

[illegible]

[illegible]

[illegible]

[illegible]

[illegible]

GOUVERNEMENT DE PARIS.

1.re *DIVISION MILITAIRE.*

ÉTAT-MAJOR GÉNÉRAL.

Au quartier général, à Paris, le 26 Vendémiaire an 14 [18 Octobre 1805].

SERVICE DE L'ÉTAT-MAJOR GÉNÉRAL.

Du 26 au 27 Vendémiaire.

Le Capitaine-adjoint de service à l'État-major général.................. AUCLER.
Officier de santé de service à l'État-major.......................... POISSON.
Secrétaire de service à l'État-major................................. GEORGE.

Du 27 au 28 Vendémiaire.

L'Officier supérieur de service à l'État-major général.................. DEBON.
Officier de santé de service à l'État-major.......................... DANTREVILLE.
Secrétaire de service à l'État-major................................. LECLERC.

Rien de nouveau.

Le Général de Brigade Chef de l'État-major général du Gouvernement de Paris et de la première Division militaire,

CÉSAR BERTHIER.

GOUVERNEMENT DE PARIS.

1.re DIVISION MILITAIRE.

ÉTAT-MAJOR GÉNÉRAL.

Au quartier général, à Paris, le 27 Vendémiaire an 14 [19 Octobre 1805].

SERVICE DE L'ÉTAT-MAJOR GÉNÉRAL.

Du 27 au 28 Vendémiaire.

Officier supérieur de service à l'État-major général.................... DEBON.
ficier de santé de service à l'État-major............................. DANTREVILLE.
crétaire de service à l'État-major.................................. LECLERC.

Du 28 au 29 Vendémiaire.

Capitaine-adjoint de service à l'État-major général.................. DURAND.
ficier de santé de service à l'État-major............................. POISSON.
crétaire de service à l'État-major.................................. LAMOUREUX.

ORDRE POUR LE SERVICE DE PARIS.

Du 27 Vendémiaire an 14.

ART. 1.er Le Général commandant les troupes de la garnison sera chargé, à dater du 1.er brumaire, tous les détails du service dans Paris.

2. L'Adjudant-commandant *Doucet* travaillera directement avec lui, et sera immédiatement sous ses ordres.

3. Les bureaux de l'État-major de Paris seront transportés quai Voltaire, chez le Général commandant garnison; l'Adjudant-commandant *Doucet* y sera logé.

4. En conséquence du présent ordre, l'Adjudant-commandant *Doucet* est chef d'État-major du Général mmandant les troupes de la garnison.

5. L'Adjudant-commandant *Borrel*, sous-chef de l'État-major général de la Division et du Gouvernement de ris, sera logé auprès du Général *César Berthier*, chef de l'État-major du Gouvernement de Paris et de 1.re Division militaire.

6. Le Général *César Berthier* reprendra la surveillance des Adjudans d'arrrondissement et des détails nt était chargé le Général *Broussier*.

7. Le Chef de bataillon *Laborde* restera attaché à l'État-major de la garnison près du Général *Broussier* de l'Adjudant-commandant *Doucet*.

8. En conséquence du présent ordre, le Chef d'État-major est chargé de l'exécution de mes ordres ncernant :

L'inspection et le mouvement des troupes;

Le recrutement;

L'établissement du casernement des troupes, l'entretien des casernes, approvisionnemens, vivres et urrages;

La surveillance des prisonniers de guerre;

La distribution des cartes d'exemption du droit de passe aux barrières pour les militaires,

Les ordres pour les feuilles de route;

La correspondance avec le Général commandant la garnison de Paris, et les Commandans des subdivisions;

L'envoi des états de situation aux bureaux de la guerre;
L'envoi du mot d'ordre;
La surveillance des Adjudans d'arrondissement et des détails qui y sont relatifs.
9. Le général commandant la garnison est chargé,
Du commandement des troupes de la garnison de Paris;
De la police militaire;
Du service des bureaux dirigé par l'Adjudant-commandant *Doucet.*
Il aura avec le Chef d'État-major général les rapports établis entre les généraux de division et le c d'État-major d'une armée.
Il correspondra avec lui, en recevra les ordres qui le concernent; mais il travaillera directement t les jours avec moi.
Le Général chef d'État-major est chargé de l'exécution de cet ordre, et de l'expédier au Général *Brouss*

Signé LOUIS BONAPARTE.

Pour copie conforme:

Le Général de Brigade Chef de l'État-major général du Gouvernement de Pa et de la première Division militaire,

CÉSAR BERTHIER.

GOUVERNEMENT DE PARIS.

1.re DIVISION MILITAIRE.

ÉTAT-MAJOR GÉNÉRAL.

Au quartier général, à Paris, le 28 Vendémiaire an 14 [20 Octobre 1805].

SERVICE DE L'ÉTAT-MAJOR GÉNÉRAL.

Du 28 au 29 Vendémiaire.

L'Officier supérieur de service à l'État-major général.................. DURAND.
Officier de santé de service à l'État-major........................... POISSON.
Secrétaire de service à l'État-major.................................. LAMOUREUX.

Du 29 au 30 Vendémiaire.

Le Capitaine-adjoint de service à l'État-major général.................. DELON.
Officier de santé de service à l'État-major........................... DANTREVILLE.
Secrétaire de service à l'État-major.................................. BRUNEL.

Rien de nouveau.

Le Général de Brigade Chef de l'État-major général du Gouvernement de Paris et de la première Division militaire,

CÉSAR BERTHIER.

GOUVERNEMENT DE PARIS.

1.re DIVISION MILITAIRE.

ÉTAT-MAJOR GÉNÉRAL.

Au quartier général, à Paris, le 29 Vendémiaire an 14 [21 Octobre 1805].

SERVICE DE L'ÉTAT-MAJOR GÉNÉRAL.

Du 29 au 30 Vendémiaire.

Le Capitaine-adjoint de service à l'État-major général.................. DELON.
Officier de santé de service à l'État-major........................... DANTREVILLE.
Secrétaire de service à l'État-major................................. DUBOIS.

Du 30 Vendémiaire au 1.er Brumaire.

Le Capitaine-adjoint de service à l'Etat-major général.................. AUCLER.
Officier de santé de service à l'État-major........................... POISSON.
Secrétaire de service à l'État-major................................. BRUNEL.

Rien de nouveau.

Le Général de Brigade Chef de l'État-major général du Gouvernement de Paris et de la première Division militaire,

CÉSAR BERTHIER.

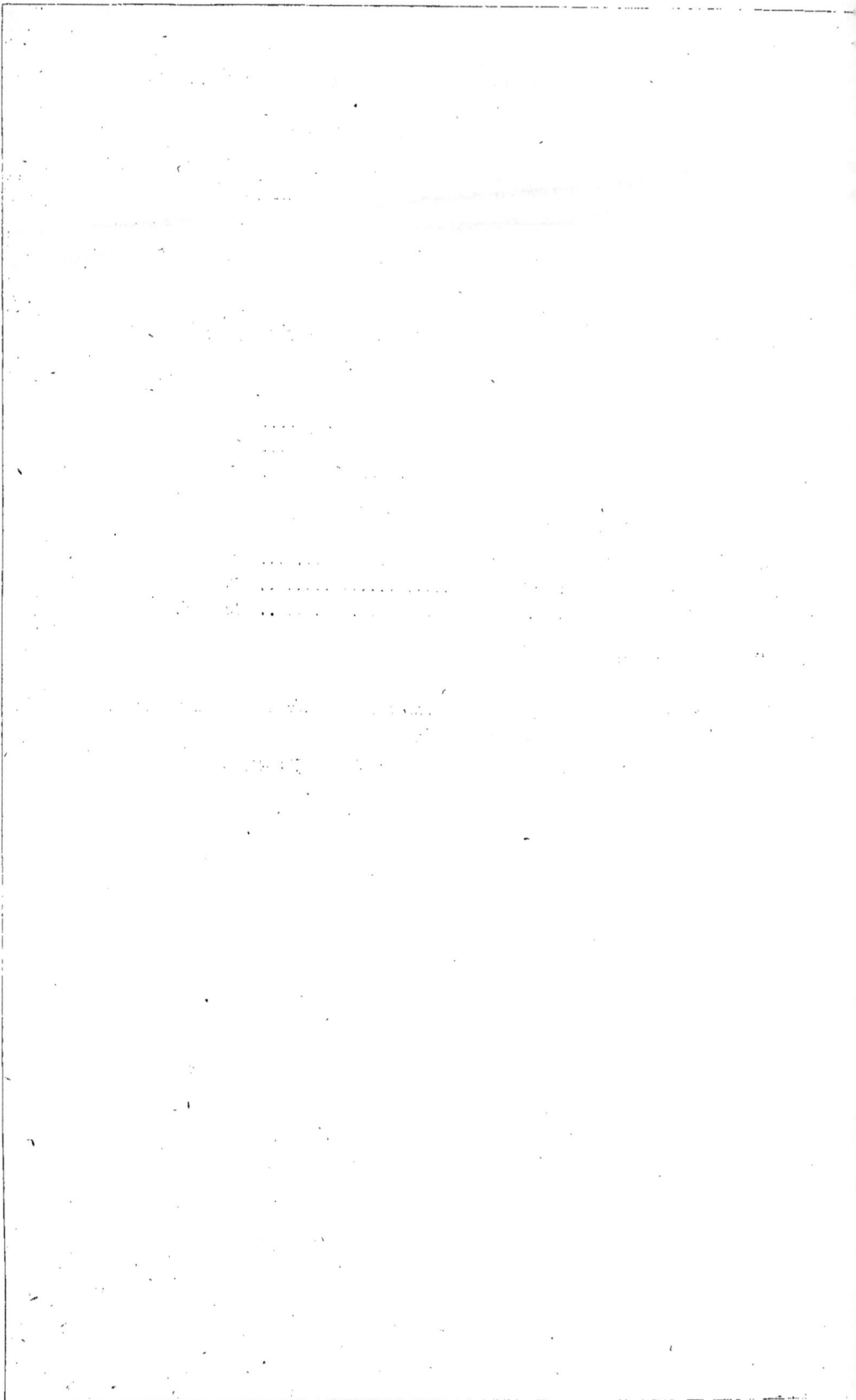

GOUVERNEMENT DE PARIS.

1.re *DIVISION MILITAIRE.*

ÉTAT-MAJOR GÉNÉRAL.

Au quartier général, à Paris, le 30 Vendémiaire an 14 [22 Octobre 1805].

SERVICE DE L'ÉTAT-MAJOR GÉNÉRAL.

Du 30 Vendémiaire au 1.er Brumaire.

Le Capitaine-adjoint de service à l'Etat-major général .... AUCLER.
Officier de santé de service à l'État-major .... POISSON.
Secrétaire de service à l'État-major .... BRUNEL.

Du 1.er au 2 Brumaire.

L'Officier supérieur adjoint de service à l'État-major général............. DEBON.
Officier de santé de service à l'État-major .... DANTREVILLE.
Secrétaire de service à l'État-major .... CORBET.

Rien de nouveau.

Le Général de Brigade Chef de l'État-major général du Gouvernement de Paris et de la première Division militaire,

CÉSAR BERTHIER.

[illegible]

GOUVERNEMENT DE PARIS.

1.re DIVISION MILITAIRE.

ÉTAT-MAJOR GÉNÉRAL.

Au quartier général, à Paris, le 2 Brumaire an 14 [23 Octobre 1805].

SERVICE DE L'ÉTAT-MAJOR GÉNÉRAL.

Du 2 au 3 Brumaire.

Le Capitaine-adjoint de service à l'Etat-major général .... DURAND.
Officier de santé de service à l'État-major .... POISSON.
Secrétaire de service à l'État-major .... GEORGE.

Du 3 au 4 Brumaire.

L'Officier supérieur adjoint de service à l'État-major général .... DELON.
Officier de santé de service à l'État-major .... DANTREVILLE.
Secrétaire de service à l'État-major .... LECLERC.

ORDRE GÉNÉRAL.

SOLDATS!

S. M. l'Empereur a défait entièrement les ennemis.

Le 15 et le 16 vendémiaire, leur droite fut tournée; ils cherchèrent vainement à échapper à l'armée française: retenus entre le Danube et le Tyrol, ils n'ont pu forcer aucune de ces barrières.

Du 16 au 20, leur ligne de l'Iler a été coupée; Memminghen, Ulm, ont été prises. L'armée autrichienne, rassemblée sur cette importante position, a été complètement battue et forcée à se rendre.

Enfin, dix jours après l'ouverture de la campagne, l'armée ennemie est détruite, la Bavière évacuée, toute l'artillerie, vingt-cinq généraux, plus de cinquante mille hommes, tous les bagages, sont au pouvoir de l'Empereur.

Soldats! redoublons de zèle pour nous mettre promptement en état d'entrer en campagne, et espérons, pour prix de nos soins, que nous serons appelés bientôt à partager les travaux et la gloire de ceux qui ont le bonheur de combattre et de vaincre sous les yeux de sa Majesté.

Signé LOUIS BONAPARTE.

Pour copie conforme :

Le Général de Brigade Chef de l'État-major général du Gouvernement de Paris et de la première Division militaire,

CÉSAR BERTHIER.

GOUVERNEMENT DE PARIS.

1.re *DIVISION MILITAIRE.*

ÉTAT-MAJOR GÉNÉRAL.

Au quartier général, à Paris, le 3 Brumaire an 14 [24 Octobre 1805].

SERVICE DE L'ÉTAT-MAJOR GÉNÉRAL.

Du 3 au 4 Brumaire.

Le Capitaine-Adjoint de service à l'État-major général.................. DÉLON.
Officier de santé de service à l'État-major.......................... DANTREVILLE.
Secrétaire de service à l'État-major.............................. LECLERC.

Du 4 au 5 Brumaire.

Le Capitaine-Adjoint de service à l'Etat-major général.................. AUCLER.
Officier de santé de service à l'État-major.......................... POISSON.
Secrétaire de service à l'État-major.............................. LAMOUREUX.

Rien de nouveau.

Le Général de Brigade Chef de l'État-major général du Gouvernement de Paris et de la première Division militaire,

CÉSAR BERTHIER.

GOUVERNEMENT DE PARIS.

1.re *DIVISION MILITAIRE.*

ÉTAT-MAJOR GÉNÉRAL.

Au quartier général, à Paris, le 4 Brumaire an 14 [25 Octobre 1805].

SERVICE DE L'ÉTAT-MAJOR GÉNÉRAL.

Du 4 au 5 Brumaire.

Le Capitaine-Adjoint de service à l'Etat-major général.................. AUCLER.
Officier de santé de service à l'État-major.......................... POISSON.
Secrétaire de service à l'État-major................................ LAMOUREUX.

Du 5 au 6 Brumaire.

L'Officier supérieur de service à l'État-major général.................... DEBON.
Officier de santé de service à l'État-major.......................... DANTREVILLE.
Secrétaire de service à l'État-major................................ BRUNEL.

Rien de nouveau.

Le Général de Brigade Chef de l'État-major général du Gouvernement de Paris et de la première Division militaire,

CÉSAR BERTHIER.

GOUVERNEMENT DE PARIS.

1.re DIVISION MILITAIRE.

ÉTAT-MAJOR GÉNÉRAL.

Au quartier général, à Paris, le 5 Brumaire an 14 [26 Octobre 1805].

SERVICE DE L'ÉTAT-MAJOR GÉNÉRAL.

Du 5 au 6 Brumaire.

L'Officier supérieur de service à l'État-major général.................... DEBON.
Officier de santé de service à l'État-major............................ DANTREVILLE.
Secrétaire de service à l'État-major.................................. DUBOIS.

Du 6 au 7 Brumaire.

L'Officier supérieur de service à l'Etat-major général.................... DURAND.
Officier de santé de service à l'État-major............................ POISSON.
Secrétaire de service à l'État-major.................................. BRUNEL.

ORDRE GÉNÉRAL.

SOLDATS,

Vous apprendrez avec plaisir les détails contenus dans le neuvième bulletin.

Vous y verrez la proclamation et les décrets par lesquels S. M. l'Empereur et Roi témoigne d'une manière glorieuse et solennelle sa bienveillance et son estime aux braves qui l'ont suivi.

Que rien ne trouble notre joie, soldats; nous aurons aussi notre tour, et peut-être qu'un jour ces Russes, amenés à grands frais des bords de la mer Glaciale, nous verrons marcher à eux dans les rangs de la grande armée, d'une manière digne de notre Empereur et de nos camarades.

Signé LOUIS BONAPARTE.

Pour copie conforme :

Le Général Chef de l'État-major général, signé CÉSAR BERTHIER.

9.e BULLETIN DE LA GRANDE ARMÉE.

Elchingen, le 29 Vendémiaire an 14 [21 Octobre 1805].

L'EMPEREUR vient de faire la proclamation ci-jointe aux soldats, et de rendre les décrets ci-joints.

A midi, S. M. est partie pour Augsbourg. On a enfin le compte de l'armée renfermée dans Ulm; elle se monte à 33,000 hommes; ce qui, avec 3,000 blessés, fait 36,000 hommes. Il y a 60 pièces de canon avec leur approvisionnement, et 50 drapeaux.

Rien ne fait contraste comme l'esprit de l'armée française et celui de l'armée autrichienne. Dans l'armée française l'héroïsme est porté au dernier point; dans l'armée autrichienne le découragement est à son comble. Le soldat est payé avec des cartes, il ne peut rien envoyer chez lui, et est très-maltraité. On pourrait citer un millier de traits comme le suivant. *Brard*, soldat du 76.e, allait être amputé de la cuisse, il avait la mort dans l'ame; au moment où le chirurgien allait faire l'opération, il l'arrête : « Je sais » que je n'y survivrai pas; mais n'importe : un homme de moins n'empêchera pas le 76.e de marcher, la » baïonnette en avant et sur trois rangs, à l'ennemi. »

L'Empereur n'a à se plaindre que du trop d'impétuosité des soldats. C'est ainsi que le 17.e d'infanterie légère, arrivé devant Ulm, se précipite dans la place ; c'est ainsi que, pendant la capitulation, toute l'armée voulait monter à l'assaut, et l'Empereur fut obligé de déclarer nettement qu'il ne voulait pas d'assaut.

La première colonne des prisonniers faits dans Ulm part dans ce moment pour la France.

Voici le compte de nos prisonniers : 10,000 dans Augsbourg, 33,000 dans Ulm, 12,000 à Donawerth, et 12,000 qui sont déjà passés. L'Empereur dit, dans sa proclamation, que nous avons fait 60,000 prisonniers ; il est probable qu'il y en aura davantage. Il porte le nombre des drapeaux pris à 90, et vraisemblablement il sera plus considérable.

L'Empereur a dit aux généraux autrichiens qu'il avait appelés près de lui pendant que l'armée ennemie défilait : « Messieurs, votre maître me fait une guerre injuste ; je vous le dis franchement, je ne sais » point pourquoi je me bats ; je ne sais ce que l'on veut de moi.

» Ce n'est pas dans cette seule armée que consistent mes ressources. Cela serait-il vrai, mon armée et » moi ferions bien du chemin ; mais j'en appelle au rapport de vos propres prisonniers, qui vont bientôt » traverser la France ; ils verront de quelle manière mon peuple se remuera, et avec quel empressement » il viendra se ranger sous mes drapeaux. Voilà l'avantage de ma nation et de ma position. Avec un mot, » 200,000 hommes de bonne volonté accourront près de moi, et en six semaines, seront de bons » soldats ; au lieu que vos recrues ne marcheront que par force, et ne seront formées qu'après plusieurs » années.

» Je donne encore un conseil à mon frère l'Empereur d'Allemagne ; qu'il se hâte de faire la paix ; il » est temps de se souvenir que tous les empires ont un terme ; et l'idée que la fin de la dynastie de la » maison de Lorraine serait arrivée, doit l'effrayer. Je ne veux rien sur le continent, c'est des vaisseaux, » des colonies, du commerce que je veux ; et cela vous est avantageux comme à nous. » M. *Mack* a répondu que l'Empereur d'Allemagne n'aurait pas voulu la guerre ; mais qu'il y a été forcé par la Russie. « En ce cas, a répondu l'Empereur, vous n'êtes donc plus une puissance. »

Du reste, la plupart des officiers généraux ont témoigné combien cette guerre leur était désagréable, et avec quelle peine ils voyaient une armée russe au milieu d'eux.

Il blâmaient cette politique aveugle, d'avoir amené au cœur de l'Europe un peuple accoutumé à vivre dans un pays inculte et agreste, et qui, comme ses ancêtres, pourrait bien avoir la fantaisie de s'établir dans de plus beaux climats.

L'Empereur a accueilli avec beaucoup de grâce le lieutenant général *Klenau*, qu'il avait connu commandant le régiment de Vurmser ; les lieutenans généraux *Ginlay*, *Gottesheim*, *Ries*, les princes de *Lichtenstein*, &c.

Il les a consolés de leur malheur, leur a dit que la guerre avait ses chances, et qu'ayant été souvent vainqueurs, ils pouvaient être quelquefois vaincus.

Au Quartier général impérial d'Elchingen, le 29 Vendémiaire an 14.

SOLDATS DE LA GRANDE ARMÉE,

EN quinze jours nous avons fait une campagne. Ce que nous nous proposions est rempli. Nous avons chassé la maison d'Autriche de la Bavière, et rétabli notre allié dans la souveraineté de ses états. Cette armée qui, avec autant d'ostentation que d'imprudence, était venue se placer sur nos frontières, est anéantie. Mais qu'importe à l'Angleterre ! son but est rempli ; nous ne sommes plus à Boulogne, et son subside ne sera ni plus ni moins grand.

De cent mille hommes qui composaient cette armée, 60,000 sont prisonniers ; ils iront remplacer nos conscrits dans les travaux de nos campagnes : 200 pièces de canon, tout le parc, 90 drapeaux, tous les généraux, sont en notre pouvoir ; il ne s'est pas échappé de cette armée 15,000 hommes. Soldats, je vous avais annoncé une grande bataille ; mais, grâces aux mauvaises combinaisons de l'ennemi, j'ai pu obtenir les mêmes succès sans courir aucune chance, et, ce qui est sans exemple dans l'histoire des nations, un aussi grand résultat ne nous affaiblit pas de plus de 1,500 hommes hors de combat.

Soldats, ce succès est dû à votre confiance sans bornes dans votre Empereur, à votre patience à supporter les fatigues et les privations de toute espèce, à votre rare intrépidité.

Mais nous ne nous arrêterons pas là : vous êtes impatiens de commencer une seconde campagne. Cette armée russe, que l'or de l'Angleterre a transportée des extrémités de l'univers, nous allons lui faire éprouver le même sort.

A ce combat est attaché plus spécialement l'honneur de l'infanterie : c'est là que va se décider, pour la seconde fois, cette question, qui l'a déja déjà été en Suisse et en Hollande : si l'infanterie française est la seconde ou la première de l'Europe ! Il n'y a point là de généraux contre lesquels je puisse avoir de la gloire à acquérir ; tout mon soin sera d'obtenir la victoire avec le moins d'effusion de sang possible. MES SOLDATS SONT MES ENFANS.

De mon camp impérial d'Elchingen, le 29 Vendémiaire an 14.

NAPOLÉON, EMPEREUR DES FRANÇAIS ET ROI D'ITALIE;

Considérant que la grande armée a obtenue par son courage et son dévouement, des résultats qui ne devaient être espérés qu'après une campagne;

Et voulant lui donner une preuve de notre satisfaction impériale,

Avons DÉCRÉTÉ et DÉCRÉTONS ce qui suit :

ART. I.er Le mois de vendémiaire de l'an 14 sera compté comme une campagne à tous les individus composant la grande armée.

Ce mois sera porté comme tel sur les états pour l'évaluation des pensions et pour les services militaires.

II. Nos Ministres de la guerre et du trésor public sont chargés de l'exécution du présent décret.

Signé NAPOLÉON.

Par l'Empereur :

Le Ministre-secrétaire d'état, signé HUGUES B. MARET.

De mon camp impérial d'Elchingen, le 29 Vendémiaire an 14.

NAPOLÉON, EMPEREUR DES FRANÇAIS ET ROI D'ITALIE;

Avons DÉCRÉTÉ et DÉCRÉTONS ce qui suit :

ART. I.er Il sera pris possession de tous les États de Souabe de la maison d'Autriche.

II. Les contributions de guerre qui y seront levées, ainsi que les contributions ordinaires, seront toutes au profit de l'armée. Tous les magasins qui seraient pris à l'ennemi, seront également à son profit, autres que les magasins d'artillerie et de subsistances.

Chacun aura une part dans ces contributions, proportionnée à ses appointemens.

III. Les contributions particulières qui auraient été levées, ou les objets qui auraient été tirés des magasins de l'ennemi, seront restitués à la masse générale, personne ne devant profiter du droit de la guerre pour faire tort à la masse générale de l'armée.

IV. Il sera incessamment nommé un trésorier et un directeur général, qui rendront compte, chaque mois, à un conseil d'administration de l'armée, des contributions qui auront été levées. L'état en sera imprimé avec la répartition.

V. La solde sera exactement payée sur les fonds de notre trésor impérial.

VI. Notre Ministre de la guerre est chargé de l'exécution du présent décret.

Signé NAPOLÉON.

Par l'Empereur :

Le Ministre-secrétaire d'état, signé HUGUES B. MARET.

Pour copie conforme :

Le Général de Brigade Chef de l'État-major général du Gouvernement de Paris et de la première Division militaire,

CÉSAR BERTHIER.

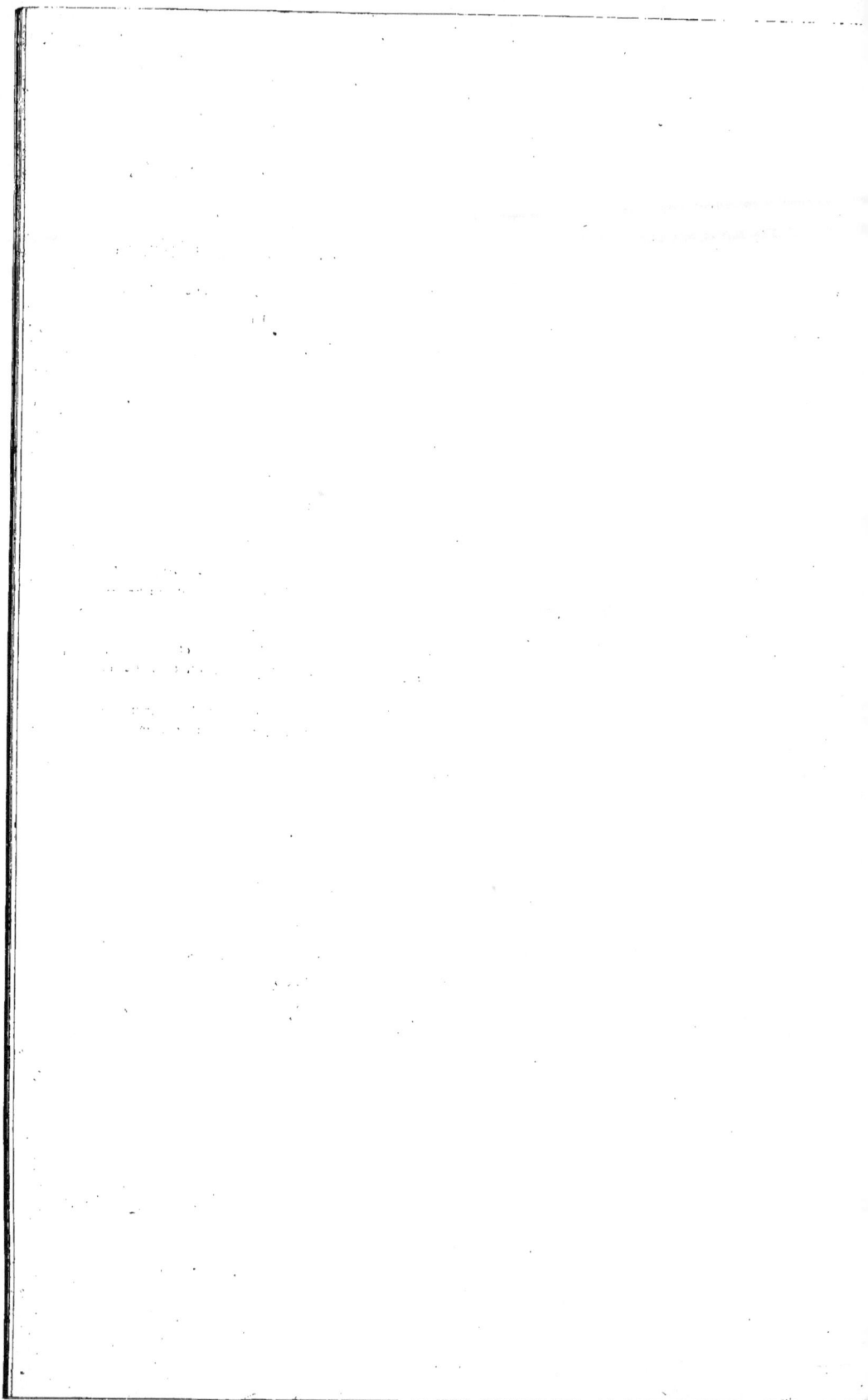

GOUVERNEMENT DE PARIS.

1.re DIVISION MILITAIRE.

ÉTAT-MAJOR GÉNÉRAL.

Au quartier général, à Paris, le 6 Brumaire an 14 [28 Octobre 1805].

SERVICE DE L'ÉTAT-MAJOR GÉNÉRAL.

Du 6 au 7 Brumaire.

Le Capitaine-Adjoint de service à l'État-major général.................. DELON.
Officier de santé de service à l'État-major......................... POISSON.
Secrétaire de service à l'État-major............................ BRUNEL.

Du 7 au 8 Brumaire.

Le Capitaine-Adjoint de service à l'État-major général................. AUCLER.
Officier de santé de service à l'État-major......................... DANTREVILLE.
Secrétaire de service à l'État-major............................ CORBET.

Rien de nouveau.

Le Général de Brigade Chef de l'État-major général du Gouvernement de Paris et de la première Division militaire,

CÉSAR BERTHIER.

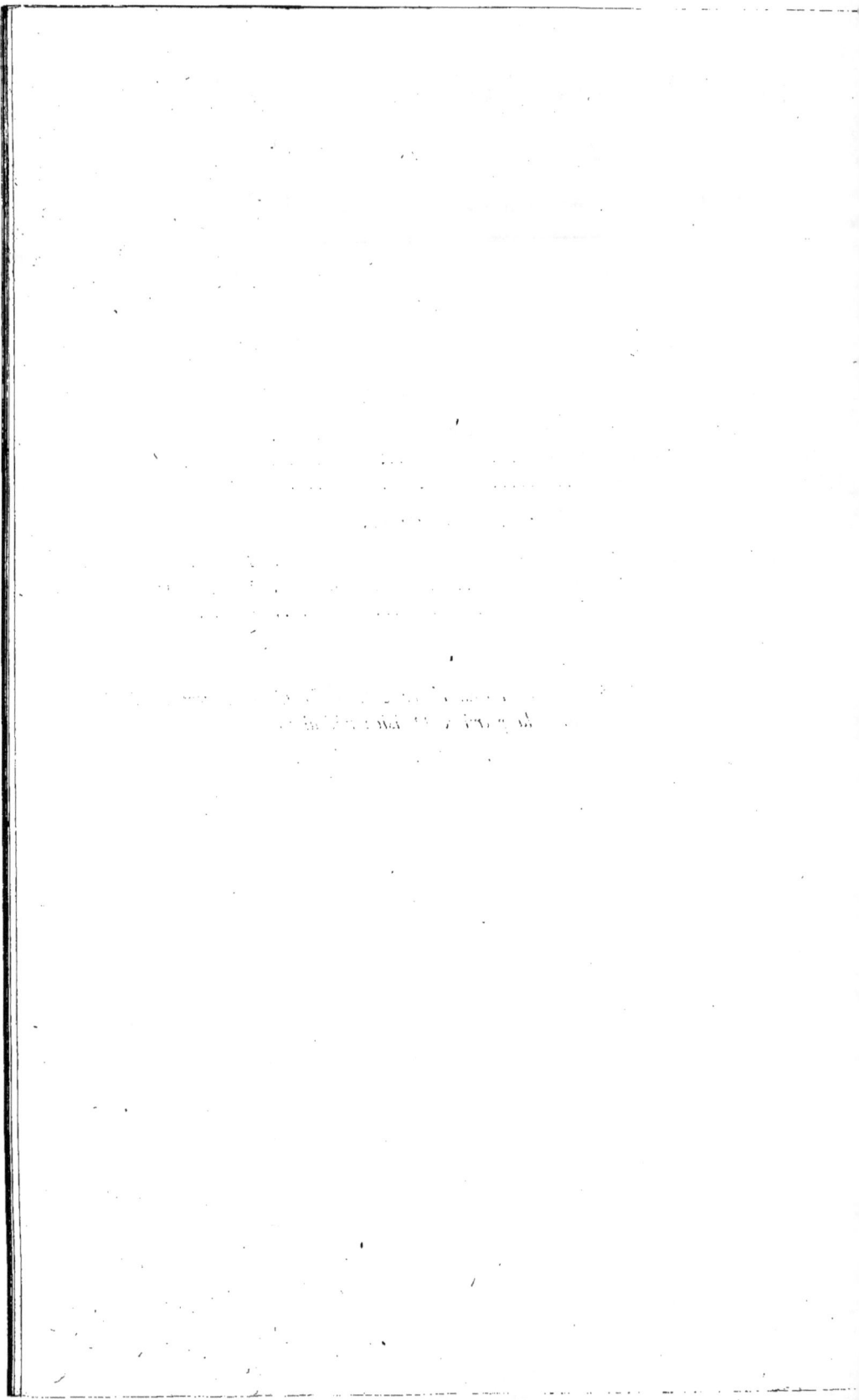

GOUVERNEMENT DE PARIS.

1.re *DIVISION MILITAIRE.*

ÉTAT-MAJOR GÉNÉRAL.

Au quartier général, à Paris, le 7 Brumaire an 14 [29 Octobre 1805].

SERVICE DE L'ÉTAT-MAJOR GÉNÉRAL.

Du 7 au 8 Brumaire.

Le Capitaine-Adjoint de service à l'État-major général.................. AUCLER.
Officier de santé de service à l'État-major.......................... DANTREVILLE.
Secrétaire de service à l'État-major................................ CORBET.

Du 8 au 9 Brumaire.

L'Officier supérieur de service à l'État-major général.................. DEBON.
Officier de santé de service à l'État-major.......................... POISSON.
Secrétaire de service à l'État-major................................ LECLERC.

Rien de nouveau.

Le Général de Brigade Chef de l'État-major général du Gouvernement de Paris et de la première Division militaire,

CÉSAR BERTHIER.

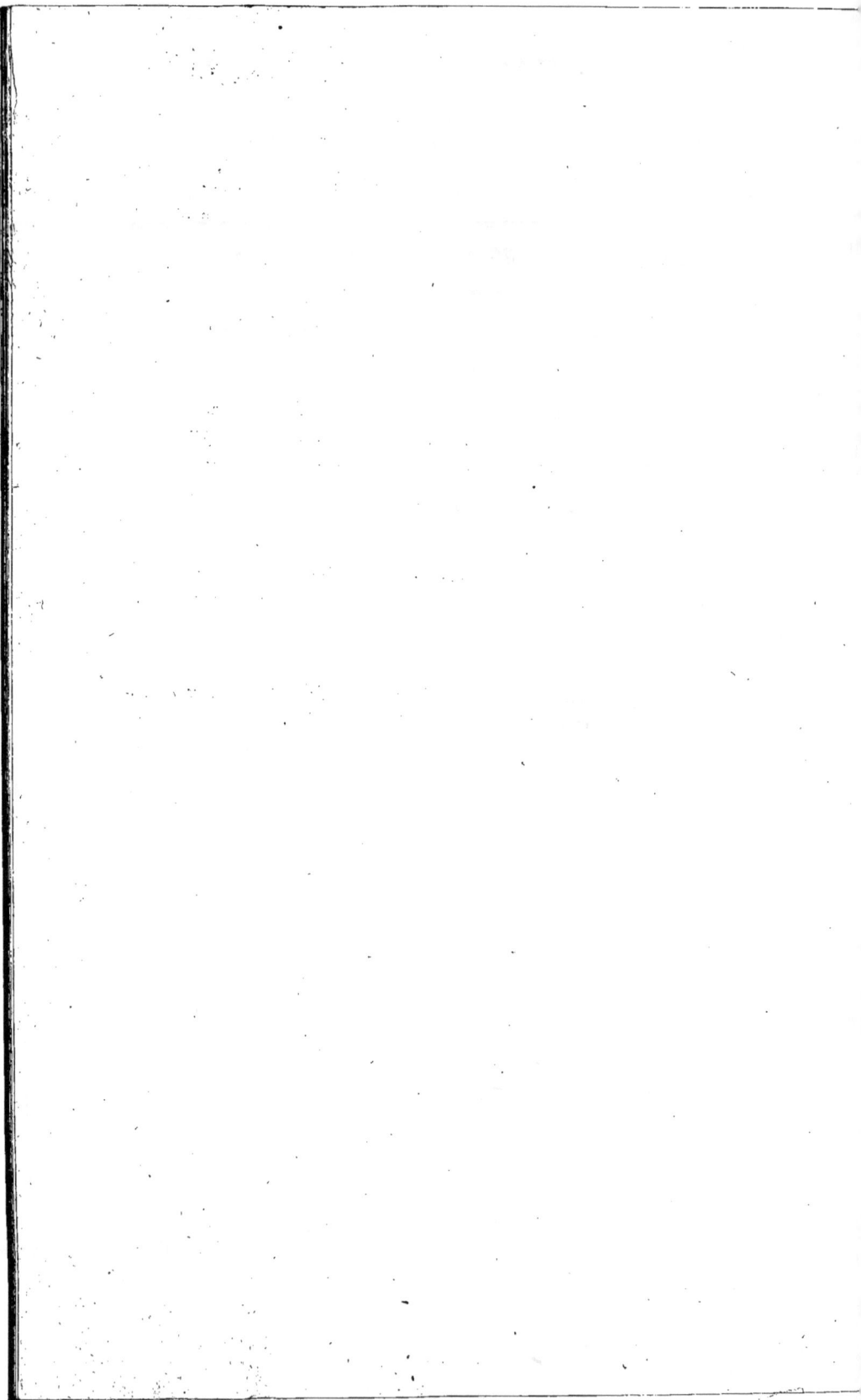

GOUVERNEMENT DE PARIS.

1.re *DIVISION MILITAIRE.*

ÉTAT-MAJOR GÉNÉRAL.

Au quartier général, à Paris, le 8 Brumaire an 14 [30 Octobre 1805].

SERVICE DE L'ÉTAT-MAJOR GÉNÉRAL.

Du 8 au 9 Brumaire.

L'Officier supérieur de service à l'État-major général...................... DEBON.
Officier de santé de service à l'État-major.............................. POISSON.
Secrétaire de service à l'État-major.................................... LECLERC.

Du 9 au 10 Brumaire.

L'Officier supérieur de service à l'État-major général...................... DURAND.
Officier de santé de service à l'État-major.............................. DANTREVILLE.
Secrétaire de service à l'État-major.................................... DAMÉCOURT le jeune.

Rien de nouveau.

Le Général de Brigade Chef de l'État-major général du Gouvernement de Paris et de la première Division militaire,

CÉSAR BERTHIER.

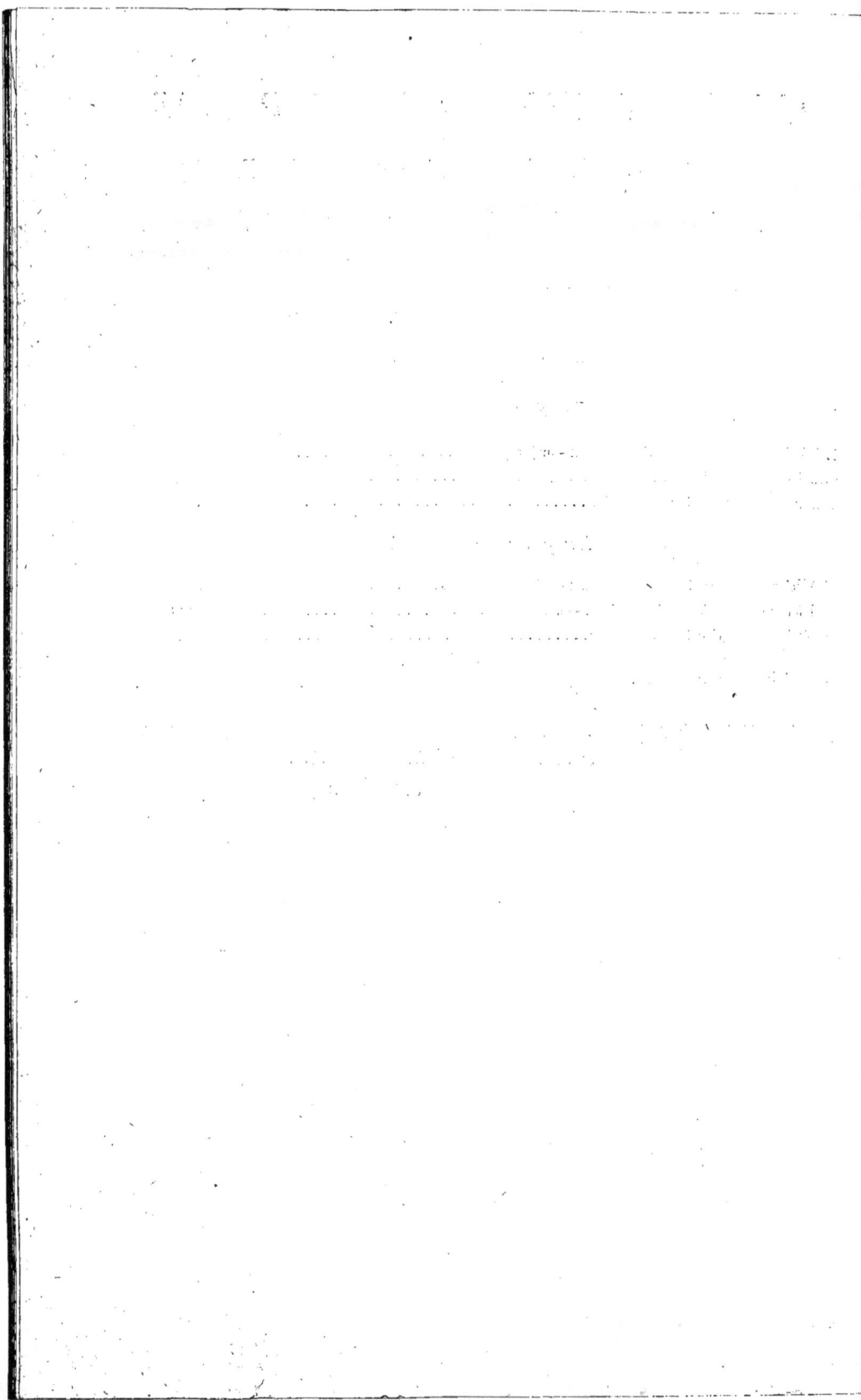

GOUVERNEMENT DE PARIS.

1.re DIVISION MILITAIRE.

ÉTAT-MAJOR GÉNÉRAL.

Au quartier général, à Paris, le 9 Brumaire an 14 [31 Octobre 1805].

SERVICE DE L'ÉTAT-MAJOR GÉNÉRAL.

Du 9 au 10 Brumaire.

L'Officier supérieur de service à l'État-major général.................... DURAND.
Officier de santé de service à l'État-major.......................... DANTREVILLE.
Secrétaire de service à l'État-major.............................. DAMÉCOURT le jeune.

Du 10 au 11 Brumaire.

Le Capitaine-adjoint de service à l'État-major général.................. DELON.
Officier de santé de service à l'État-major.......................... POISSON.
Secrétaire de service à l'État-major.............................. PAPET.

Rien de nouveau.

Le Général de Brigade Chef de l'État-major général du Gouvernement de Paris et de la première Division militaire,

CÉSAR BERTHIER.

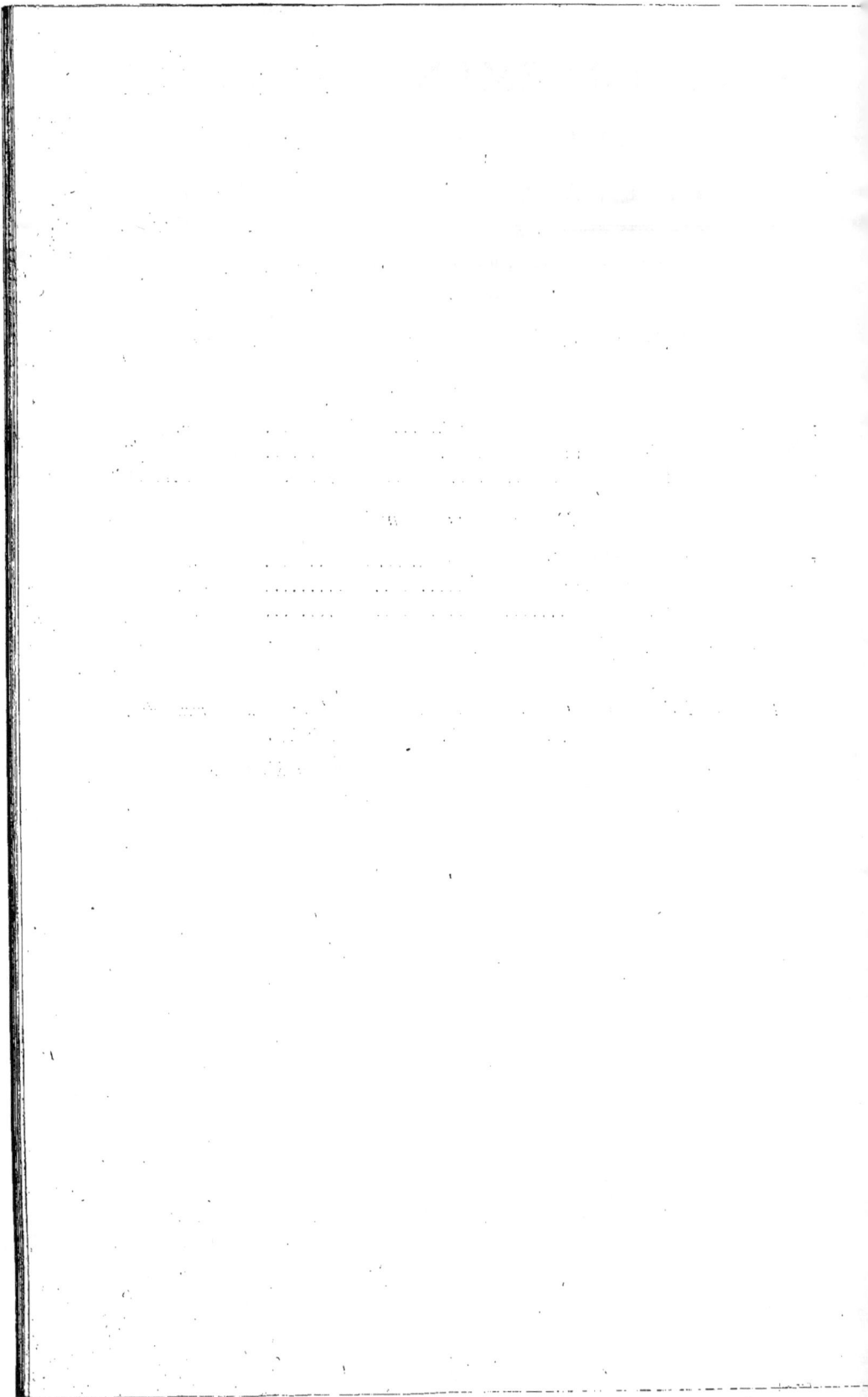

GOUVERNEMENT DE PARIS.

1.re *DIVISION MILITAIRE.*

ÉTAT-MAJOR GÉNÉRAL.

Au quartier général, à Paris, le 10 Brumaire an 14 [1.er Novembre 1805].

SERVICE DE L'ÉTAT-MAJOR GÉNÉRAL.

Du 10 au 11 Brumaire.

Le Capitaine-adjoint de service à l'État-major général.................... DELON.
Officier de santé de service à l'État-major........................... POISSON.
Secrétaire de service à l'État-major.................................. LAMOUREUX.

Du 11 au 12 Brumaire.

Le Capitaine-adjoint de service à l'État-major général.................. AUCLER.
Officier de santé de service à l'État-major.......................... DANTREVILLE.
Secrétaire de service à l'État-major.................................. DUBOIS.

Rien de nouveau.

Le Général de Brigade Chef de l'État-major général du Gouvernement de Paris et de la première Division militaire,

CÉSAR BERTHIER.

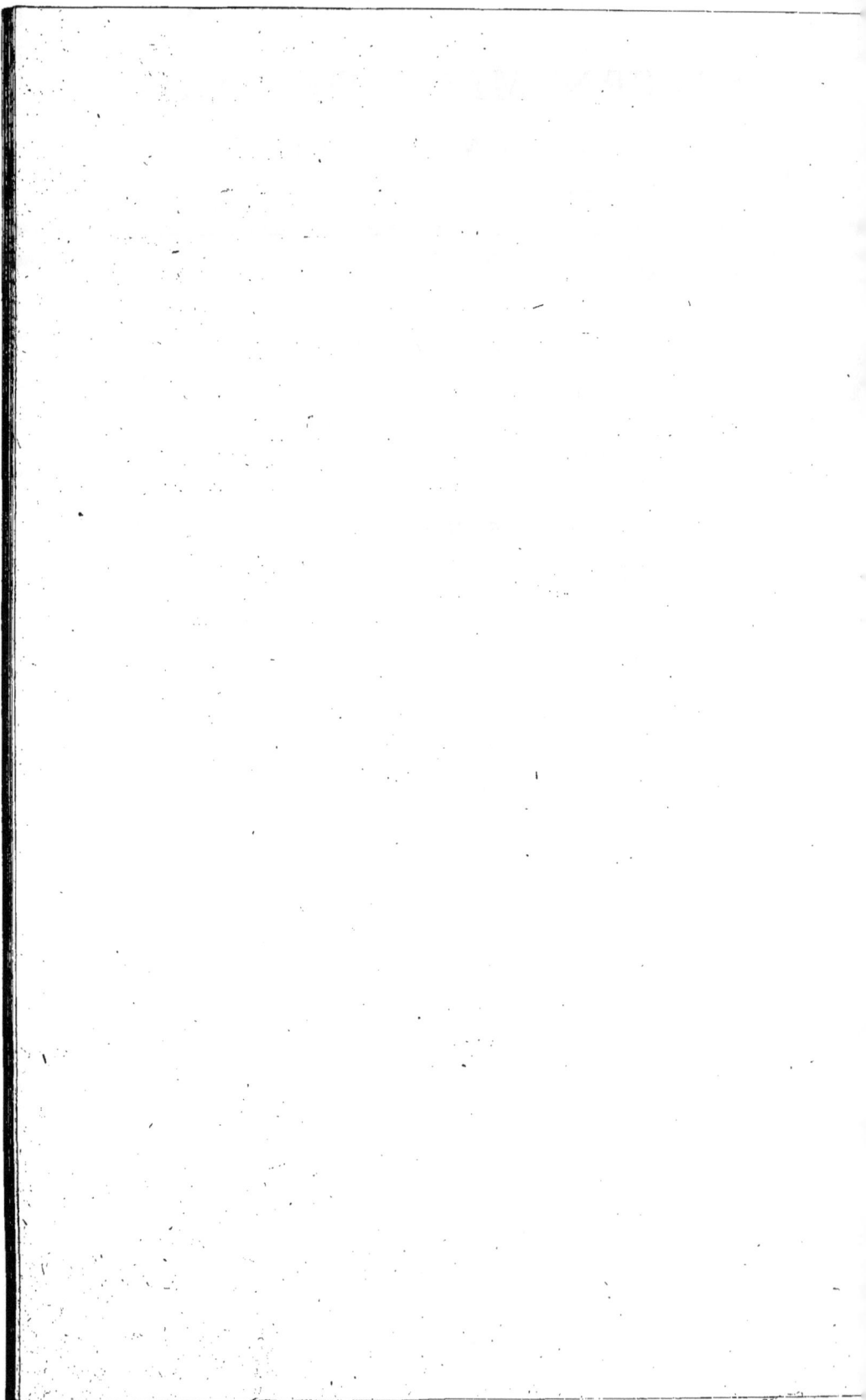

GOUVERNEMENT DE PARIS.

1.re *DIVISION MILITAIRE.*

ÉTAT-MAJOR GÉNÉRAL.

Au quartier général, à Paris, le 11 Brumaire an 14 [2 Novembre 1805].

SERVICE DE L'ÉTAT-MAJOR GÉNÉRAL.

Du 11 au 12 Brumaire.

Le Capitaine-adjoint de service à l'État-major général.................. AUCLER.
Officier de santé de service à l'État-major.......................... DANTREVILLE.
Secrétaire de service à l'État-major................................ DUBOIS.

Du 12 au 13 Brumaire.

L'Officier supérieur de service à l'État-major général.................. DEBON.
Officier de santé de service à l'État-major.......................... POISSON.
Secrétaire de service à l'État-major................................ CORBET.

Rien de nouveau.

Le Général de Brigade Chef de l'État-major général du Gouvernement de Paris et de la première Division militaire,

CÉSAR BERTHIER.

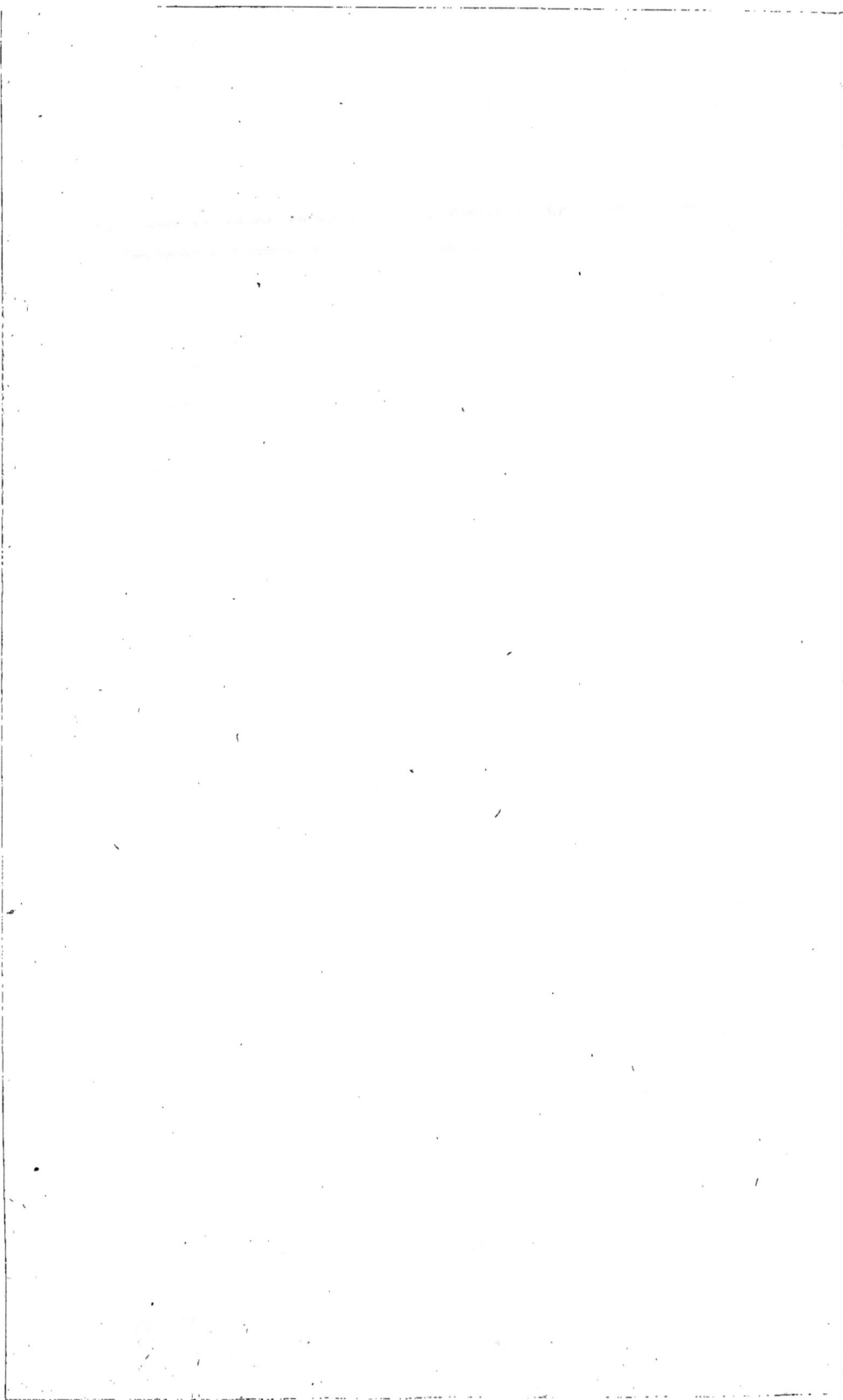

GOUVERNEMENT DE PARIS.

1.re *DIVISION MILITAIRE.*

ÉTAT-MAJOR GÉNÉRAL.

Au quartier général, à Paris, le 12 Brumaire an 14 [3 Novembre 1805].

SERVICE DE L'ÉTAT-MAJOR GÉNÉRAL.

Du 12 au 13 Brumaire.

L'Officier supérieur de service à l'État-major général.................... DEBON.
Officier de santé de service à l'État-major.......................... POISSON.
Secrétaire de service à l'État-major.............................. BRUNEL.

Du 13 au 14 Brumaire.

L'Officier supérieur de service à l'État-major général.................... DURAND.
Officier de santé de service à l'État-major.......................... DANTREVILLE.
Secrétaire de service à l'État-major.............................. CORBET.

Rien de nouveau.

Le Général de Brigade Chef de l'État-major général du Gouvernement de Paris et de la première Division militaire,

CÉSAR BERTHIER.

GOUVERNEMENT DE PARIS.

1.re DIVISION MILITAIRE.

ÉTAT-MAJOR GÉNÉRAL.

Au quartier général, à Paris, le 13 Brumaire an 14 [4 Novembre 1805].

SERVICE DE L'ÉTAT-MAJOR GÉNÉRAL.

Du 13 au 14 Brumaire.

L'Officier supérieur de service à l'État-major général........................ DELON.
Officier de santé de service à l'État-major.............................. DANTREVILLE.
Secrétaire de service à l'État-major...................................... CORBET.

Du 14 au 15 Brumaire.

Le Capitaine-adjoint de service à l'État-major général.................. DEBON.
Officier de santé de service à l'État-major.............................. POISSON.
Secrétaire de service à l'État-major...................................... LECLERC.

Rien de nouveau.

Le Général de Brigade Chef de l'État-major général du Gouvernement de Paris et de la première Division militaire,

CÉSAR BERTHIER.

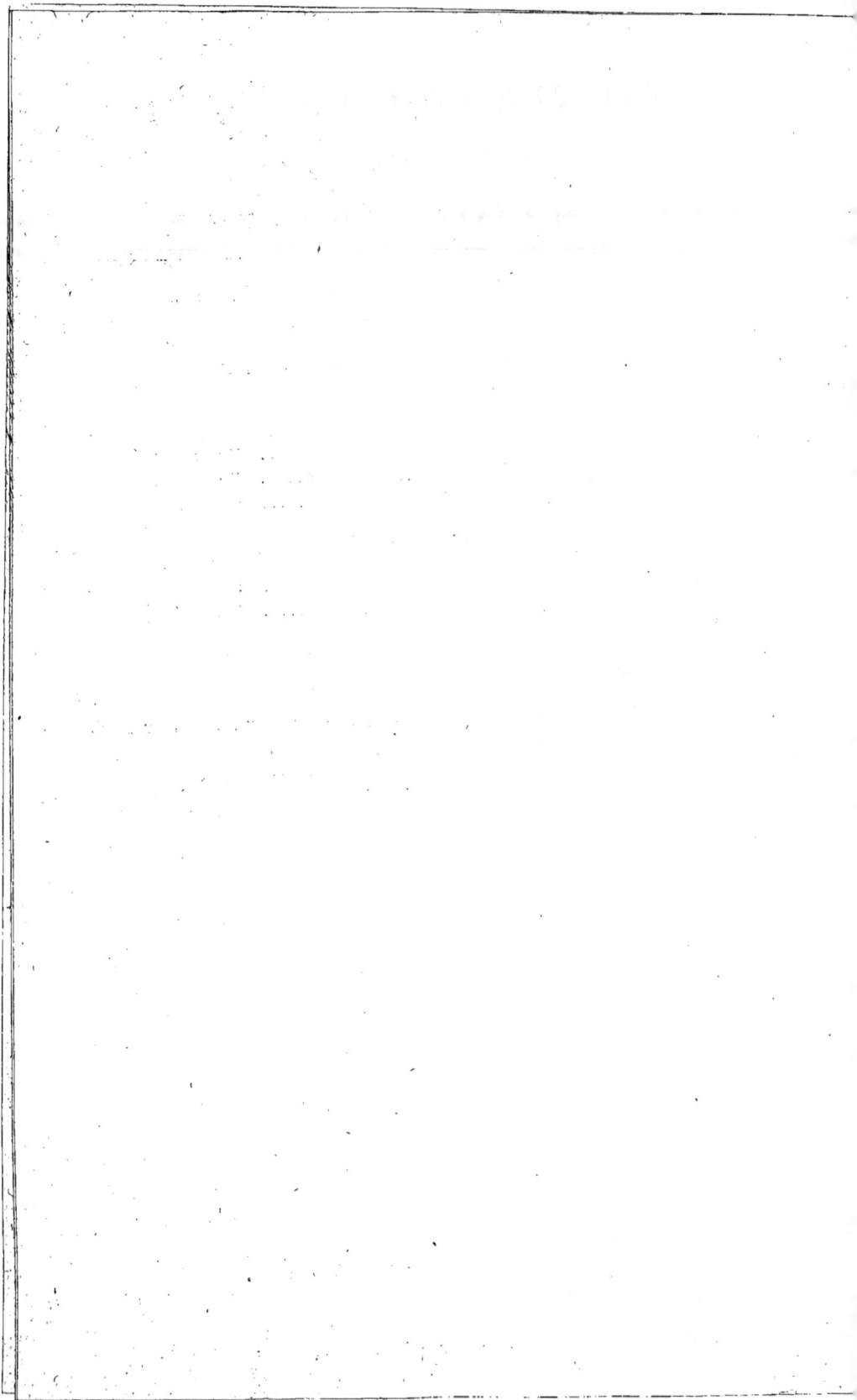

GOUVERNEMENT DE PARIS.

1.re *DIVISION MILITAIRE.*

ÉTAT-MAJOR GÉNÉRAL.

Au quartier général, à Paris, le 14 Brumaire an 14 [5 Novembre 1805].

SERVICE DE L'ÉTAT-MAJOR GÉNÉRAL.

Du 14 au 15 Brumaire.

L'Officier supérieur de service à l'État-major général.................... DEBON.
Officier de santé de service à l'État-major.......................... POISSON.
Secrétaire de service à l'État-major.............................. LECLERC.

Du 15 au 16 Brumaire.

L'Officier supérieur de service à l'État-major général.................... DURAND.
Officier de santé de service à l'État-major.......................... DANTREVILLE.
Secrétaire de service à l'État-major.............................. PAPET.

Rien de nouveau.

Le Général de Brigade Chef de l'État-major général du Gouvernement de Paris et de la première Division militaire,

CÉSAR BERTHIER.

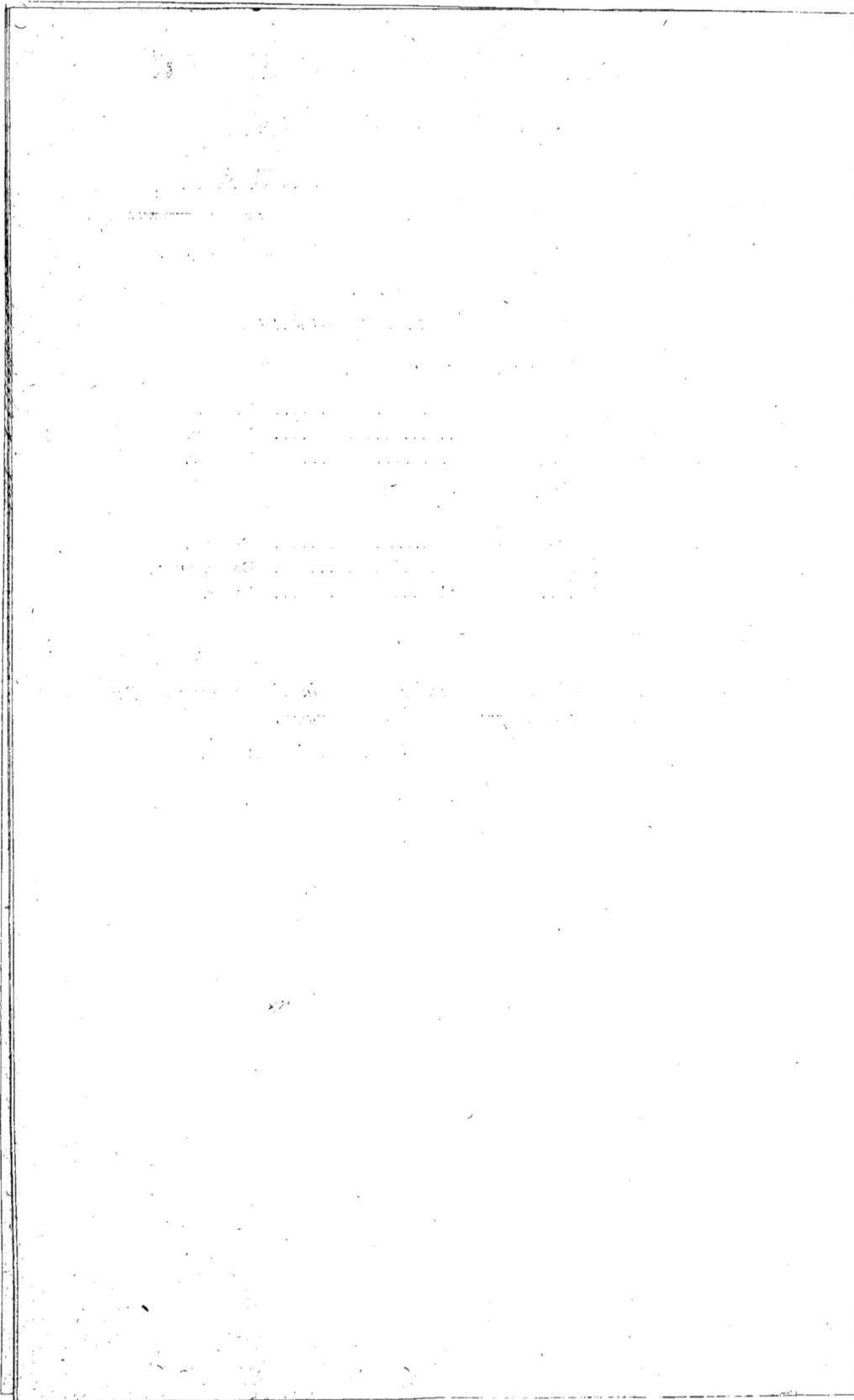

GOUVERNEMENT DE PARIS.

1.re DIVISION MILITAIRE.

ÉTAT-MAJOR GÉNÉRAL.

Au quartier général, à Paris, le 15 Brumaire an 14 [6 Novembre 1805].

SERVICE DE L'ÉTAT-MAJOR GÉNÉRAL.

Du 15 au 16 Brumaire.

Le Capitaine-Adjoint de service à l'État-major général.................... DESGOUTTES.
Officier de santé de service à l'État-major.............................. DANTREVILLE.
Secrétaire de service à l'État-major...................................... PAPET.

Du 16 au 17 Brumaire.

L'Officier supérieur de service à l'État-major général.................... DURAND.
Officier de santé de service à l'État-major.............................. POISSON.
Secrétaire de service à l'État-major...................................... LAMOUREUX.

Rien de nouveau.

Le Général de Brigade Chef de l'État-major général du Gouvernement de Paris et de la première Division militaire,

CÉSAR BERTHIER.

GOUVERNEMENT DE PARIS.

1.re *DIVISION MILITAIRE.*

ÉTAT-MAJOR GÉNÉRAL.

Au quartier général, à Paris, le 16 Brumaire an 14 [7 Novembre 1805].

SERVICE DE L'ÉTAT-MAJOR GÉNÉRAL.

Du 16 au 17 Brumaire.

L'Officier supérieur de service à l'État-major général .... DURAND.
Officier de santé de service à l'État-major .... POISSON.
Secrétaire de service à l'État-major .... PAPET.

Du 17 au 18 Brumaire.

Le Capitaine-Adjoint de service à l'État-major général .... DELON.
Officier de santé de service à l'État-major .... DANTREVILLE.
Secrétaire de service à l'État-major .... BRUNEL.

Rien de nouveau.

Le Général de Brigade Chef de l'État-major général du Gouvernement de Paris et de la première Division militaire,

CÉSAR BERTHIER.

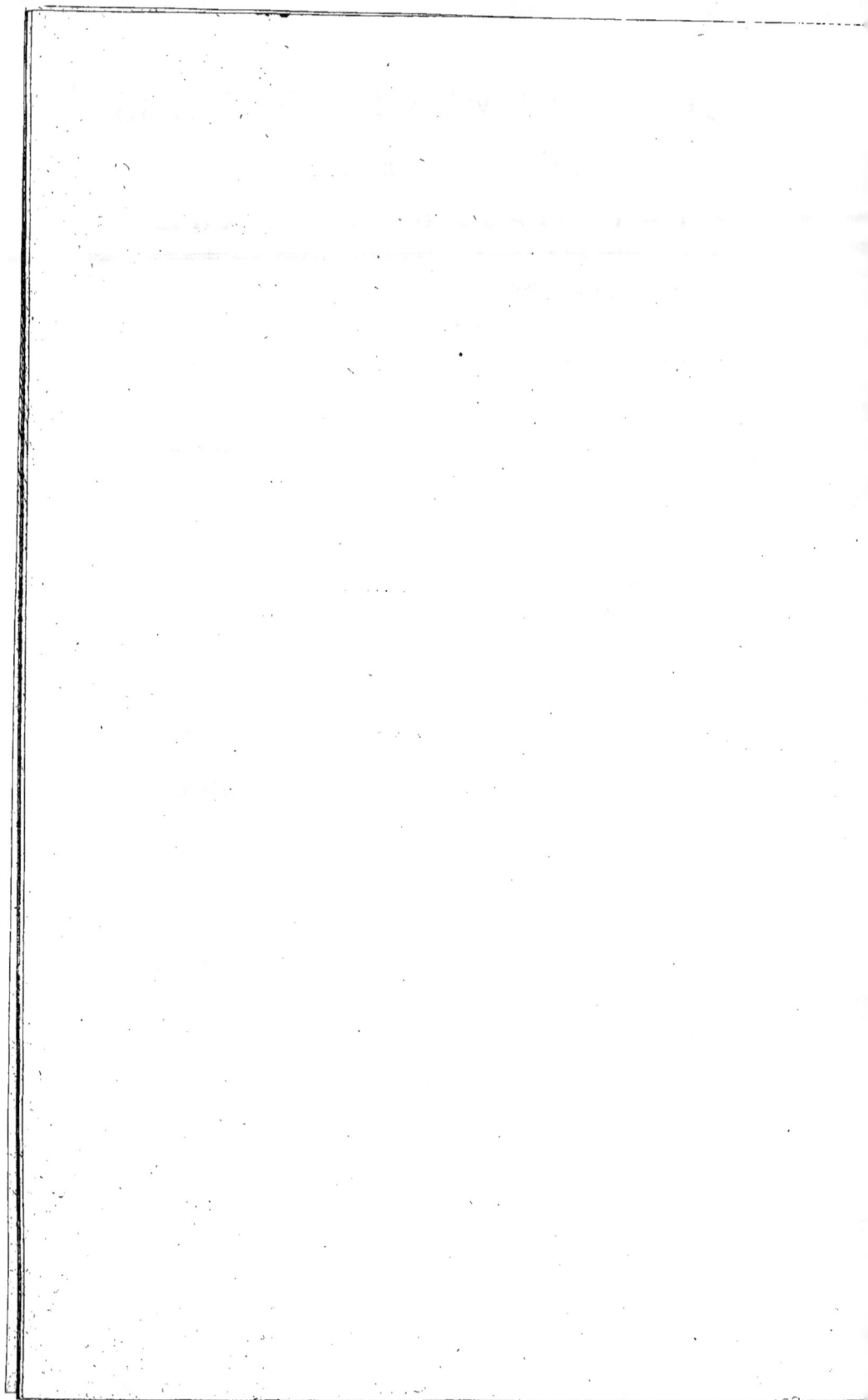

GOUVERNEMENT DE PARIS.

1.re *DIVISION MILITAIRE.*

ÉTAT-MAJOR GÉNÉRAL.

Au quartier général, à Paris, le 17 Brumaire an 14 [8 Novembre 1805].

SERVICE DE L'ÉTAT-MAJOR GÉNÉRAL.

Du 17 au 18 Brumaire.

Le Capitaine-Adjoint de service à l'État-major général.................. DELON.

Officier de santé de service à l'État-major.............................. DANTREVILLE.

Secrétaire de service à l'État-major.................................. BRUNEL.

Du 18 au 19 Brumaire.

L'Officier supérieur de service à l'État-major général.................... DEBON.

Officier de santé de service à l'État-major.............................. POISSON.

Secrétaire de service à l'État-major.................................. DUBOIS.

ORDRE GÉNÉRAL.

TROISIÈME BULLETIN DE L'ARMÉE D'ITALIE.

Au Quartier général de Vago, le 8 Brumaire an 14.

APRÈS l'affaire du 7, l'Armée avait pris position à Vago, deux milles en deçà de Caldiero. Le 8, à deux heures après midi elle attaqua l'ennemi sur toute la ligne. La Division Molitor formant la gauche commença l'action, celle du Général Gardanne attaqua au centre, et celle du Général Duhesme à la droite. Ces diverses attaques furent bien exécutées, et heureusement conduites. Le Village de Caldiero fut emporté aux cris de vive l'EMPEREUR, et l'ennemi fut poursuivi jusques sur les hauteurs. A quatre heures et demie le Prince Charles fit avancer sa réserve forte de vingt-quatre bataillons de Grenadiers et de plusieurs régimens. La bataille devint alors plus vive. Les troupes de Sa Majesté déployèrent leur intrépidité ordinaire : la Cavalerie chargea plusieurs fois et toujours avec succès; des bataillons de Grenadiers de la réserve donnèrent en même temps, et la bayonnette décida du sort de la journée. L'ennemi avait fait jouer plus de trente pièces d'artillerie qui garnissaient ses retranchemens. Malgré l'acharnement de sa résistance, il a été culbuté et poursuivi jusqu'aux pieds des redoutes au-delà de Caldiero. Nous avons fait 3,500 prisonniers. Le champ de bataille est jonché d'Autrichiens ; le nombre de leurs morts et de leurs blessés égale au moins celui de leurs prisonniers. Le Prince Charles a fait demander une trève pour enterrer les morts.

Notre perte est très-peu considérable en comparaison de celle de l'ennemi.

Le Maréchal Général en chef applaudit à la valeur et au dévouement de l'Armée : il fera connaître particulièrement les belles actions qui ont signalé la journée, et mettra sous les yeux de S. M. l'EMPEREUR et ROI les noms des braves à qui l'honneur en est dû.

Le Général de Brigade Chef de l'État-major général du Gouvernement de Paris et de la première Division militaire,

CÉSAR BERTHIER.

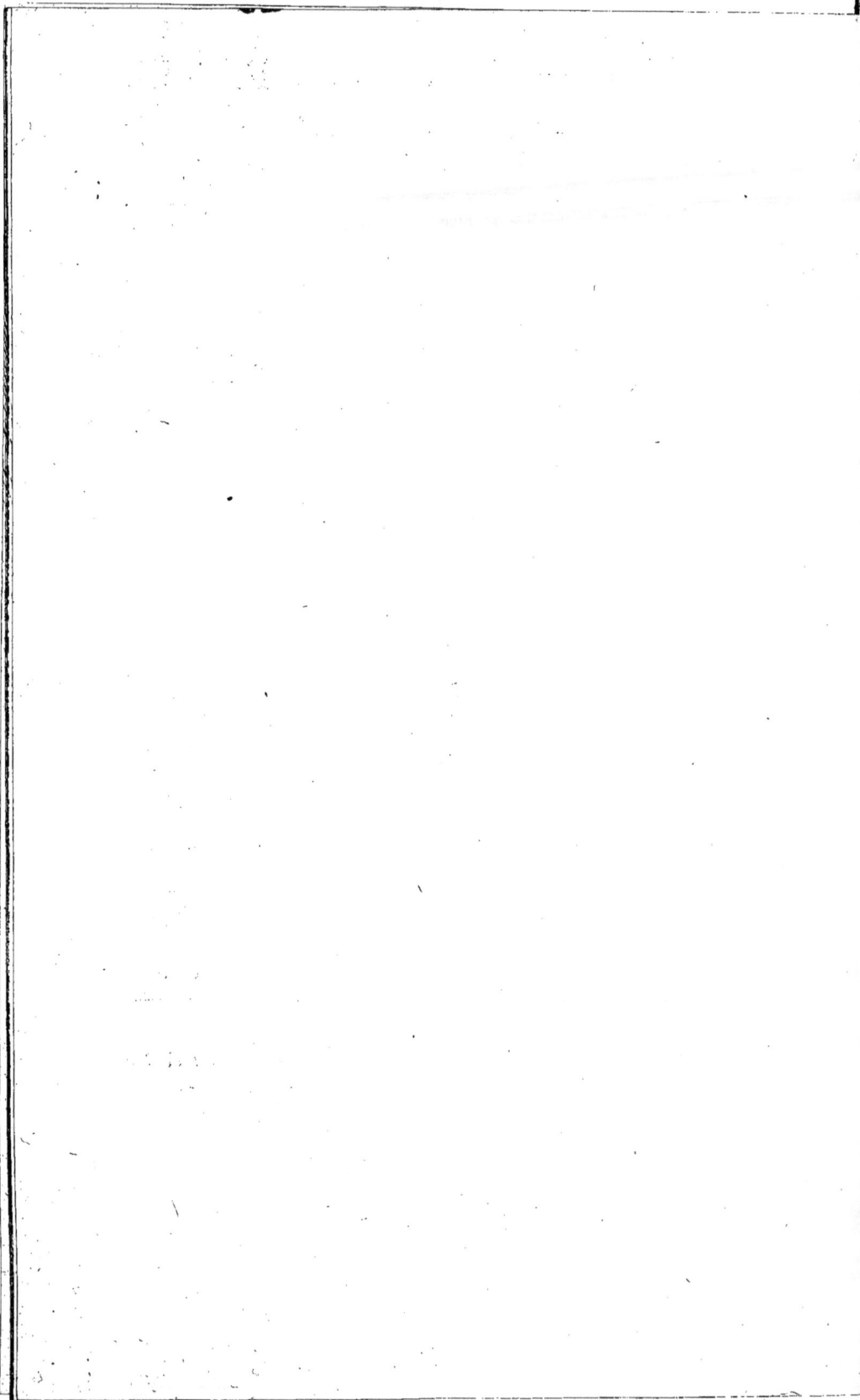

GOUVERNEMENT DE PARIS.

1.re *DIVISION MILITAIRE.*

ÉTAT-MAJOR GÉNÉRAL.

Au quartier général, à Paris, le 18 Brumaire an 14 [9 Novembre 1805].

SERVICE DE L'ÉTAT-MAJOR GÉNÉRAL.

Du 18 au 19 Brumaire.

L'Officier supérieur de service à l'État-major général.................... DEBON.
Officier de santé de service à l'État-major.................................. POISSON.
Secrétaire de service à l'État-major.. DUBOIS.

Du 19 au 20 Brumaire.

Le Capitaine-Adjoint de service à l'État-major général.................. DESGOUTTES.
Officier de santé de service à l'État-major.................................. DANTREVILLE.
Secrétaire de service à l'État-major.. CORBET.

Rien de nouveau.

Le Général de Brigade Chef de l'État-major général du Gouvernement de Paris et de la première Division militaire,

CÉSAR BERTHIER.

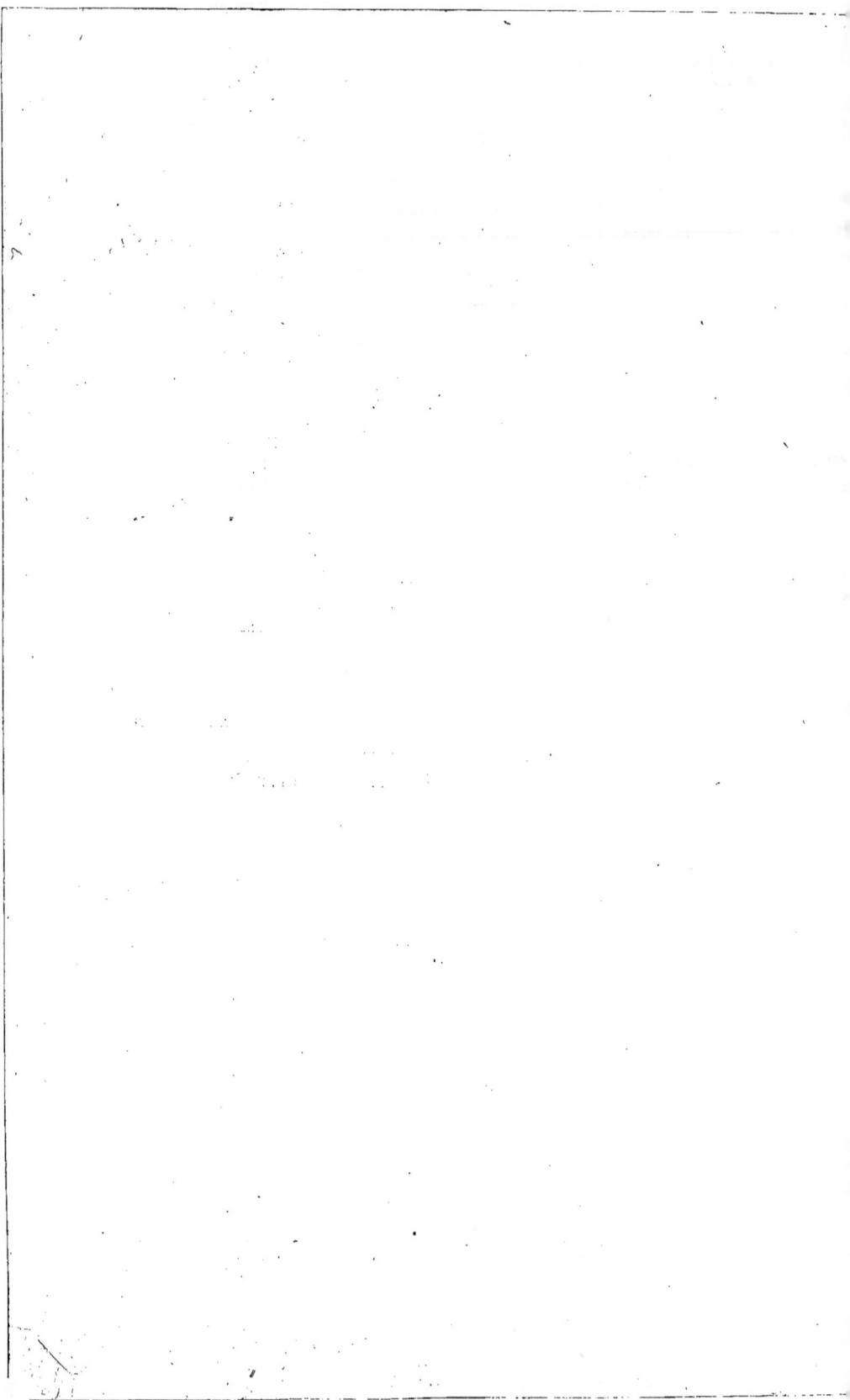

GOUVERNEMENT DE PARIS.

1.re DIVISION MILITAIRE.

ÉTAT-MAJOR GÉNÉRAL.

Au quartier général, à Paris, le 19 Brumaire an 14 [10 Novembre 1805].

SERVICE DE L'ÉTAT-MAJOR GÉNÉRAL.

Du 19 au 20 Brumaire.

Le Capitaine-Adjoint de service à l'État-major général.................. DESGOUTTES.
Officier de santé de service à l'État-major.......................... DANTREVILLE.
Secrétaire de service à l'État-major.................................. CORBET.

Du 20 au 21 Brumaire.

L'Officier supérieur de service à l'État-major général.................. DURAND.
Officier de santé de service à l'État-major.......................... POISSON.
Secrétaire de service à l'État-major.................................. LECLERC.

ORDRE GÉNÉRAL.

QUATRIÈME BULLETIN DE L'ARMÉE D'ITALIE.

Au quartier général de Montebello, 11 Brumaire an 14 (2 Novembre 1805).

APRÈS la bataille du 8, par l'effet de la position de l'armée en avant de *Caldiero*, et par suite des mouvemens ordonnés le 7 à la division *Seras*, une colonne ennemie, forte de 5000 hommes commandés par un Brigadier, fut séparée du corps du général *Rosemberg*, et se trouva coupée de manière à ne pouvoir remonter dans les vallées, ni rejoindre son armée.

Le Général en chef, instruit qu'elle s'était portée le 10 sur les hauteurs de *Saint-Léonard*, envoya un de ses aides-de-camp pour la sommer de mettre bas les armes. L'officier général *Hillniger*, qui la commandait, s'apercevant qu'il n'avait pas de troupes devant lui, manifesta l'intention de combattre.

Le 22.e régiment d'infanterie légère, conduit par son colonel *Goguet*, eut ordre de se porter de suite en avant de *Véronnette*; l'ennemi fit un mouvement sur lui, et le força de prendre position sous le château de *San-Felice*.

Le Général en chef se porta bientôt sur les lieux, et fit marcher quatre bataillons de grenadiers pour cerner entièrement l'ennemi. Le général *Charpentier*, chef de l'État-major, chargé de ses dispositions, les exécuta avec précison de concert avec le général *Solignac*.

Il fut fait alors une nouvelle sommation à l'ennemi, qui sentit qu'il fallait se résoudre à mettre bas les armes. Une capitulation, signée par l'officier général commandant la colonne ennemie, et par le général *Solignac*, nous a livré 5000 prisonniers avec armes et bagages, 70 officiers, 1 brigadier, 1 major, 1 colonel, 80 chevaux, &c. &c. &c.

Le prince *Charles*, de son côté, voyant qu'une colonne de son armée avait été coupée, et craignant d'être tourné dans sa position, s'occupa d'effectuer sa retraite. On fut instruit qu'il avait fait quelques mouvemens dans la nuit : dès la pointe du jour de fortes reconnaissances furent poussées sur la ligne. La division des chasseurs à cheval, commandée par le général *Espagne*, et les voltigeurs de la division *Gardanne*, se mirent à la poursuite des Autrichiens, qui furent harcelés toute la journée et auxquels on fit 600 prisonniers.

Nous occupons aujourd'hui Montebello. Demain l'armée continue sa marche.

CAPITULATION.

Entre M. le général *Solignac*, commandant un corps de grenadiers de l'armée Impériale et Royale de sa Majesté l'Empereur des Français, d'une part;

Et M. le brigadier général *Hillniger*, commandant un corps de troupes de sa Majesté impériale et royale l'Empereur d'Allemagne, d'autre part:

Art. I.er Les troupes Autrichiennes commandées par M. le général *Hillniger*, restent prisonnières de guerre aux conditions suivantes;

II. M. le général *Hillniger*, ainsi que tous les officiers sous ses ordres, conserveront leurs épées, chevaux et bagages; ils rentreront en Autriche sur leur parole d'honneur de ne pas servir contre la France, ou ses alliés, jusqu'à leur parfait échange.

III. Les soldats mettront bas les armes avant d'entrer dans *Veronne*; ils conserveront leur butin.

IV. Tous les blessés autrichiens qui se trouvent dans les environs de *Poyano* et *Grazzano*, seront transportés de suite dans les hôpitaux militaires de l'Armée Française, pour y être traités convenablement.

V. Les troupes de sa Majesté l'Empereur d'Allemagne, s'étant battues avec la plus grande intrépidité, et n'ayant capitulé qu'au moment où elles ont été complètement cernées, l'Armée Française fera pour elles tout ce que l'on doit à la bravoure militaire.

Fait double, à *Casa Albertini*, le deux novembre mil huit cent cinq (le onze brumaire an 14.) *Signé*, HILLNIGER, *Général-Major, &c. &c.*

Signé, LOUIS BONAPARTE.

Messieurs les Commissaires des guerres *Lepelletier*, employé à Paris, *Meurizet*, employé à Soissons, et *Lépine*, employé à Beauvais, ayant reçu l'ordre de se rendre à l'armée, le service dont ils étaient respectivement chargés, sera réparti entre les Commissaires restans de la manière suivante:

Le Commissaire des guerres *Fradiel*, joindra provisoirement au service dont il est déjà chargé, les détails relatifs à la solde de retraite et au traitement de réforme, ceux concernant les services des vivres, des liquides, des fourrages et de l'habillement, qui étaient précédemment confiés au Commissaire *Lepelletier.*

Les détails relatifs aux maisons d'arrêt de l'Abbaye et de Montaigu seront ajoutés à ceux dont est chargé le Commissaire *Lefebvre-Montobon.*

Le Commissaire *Senneville* réunira l'administration du département de l'Oise à celle du département de Seine-et-Marne, et enfin le Commissaire *Desjardins*, employé à la Fère, se rendra provisoirement à Soissons, et sera chargé de la totalité des services du département de l'Aîne.

Le Général de Division commandant les troupes de la Garnison de Paris,

BROUSSIER.

Pour copie conforme:

Le Général de Brigade Chef de l'État-major général du Gouvernement de Paris et de la première Division militaire,

CÉSAR BERTHIER.

GOUVERNEMENT DE PARIS.

1.re DIVISION MILITAIRE.

ÉTAT-MAJOR GÉNÉRAL.

Au quartier général, à Paris, le 20 Brumaire an 14 [11 Novembre 1805].

SERVICE DE L'ÉTAT-MAJOR GÉNÉRAL.

Du 20 au 21 Brumaire.

L'Officier supérieur de service à l'État-major général .... DURAND.
Officier de santé de service à l'État-major .... POISSON.
Secrétaire de service à l'État-major .... LECLERC.

Du 21 au 22 Brumaire.

Le Capitaine-Adjoint de service à l'État-major général .... DELON.
Officier de santé de service à l'État-major .... DANTREVILLE.
Secrétaire de service à l'État-major .... PAPET.

Rien de nouveau.

Le Général de Brigade Chef de l'État-major général du Gouvernement de Paris et de la première Division militaire,

CÉSAR BERTHIER.

GOUVERNEMENT DE PARIS.

1.re *DIVISION MILITAIRE.*

ÉTAT-MAJOR GÉNÉRAL.

Au quartier général, à Paris, le 21 Brumaire an 14 [12 Novembre 1805].

SERVICE DE L'ÉTAT-MAJOR GÉNÉRAL.

Du 21 au 22 Brumaire.

Le Capitaine-Adjoint de service à l'État-major général.................. DELON.
Officier de santé de service à l'État-major.......................... DANTREVILLE.
Secrétaire de service à l'État-major................................ PAPET.

Du 22 au 23 Brumaire.

L'Officier supérieur de service à l'État-major général.................. DEBON.
Officier de santé de service à l'État-major.......................... POISSON.
Secrétaire de service à l'État-major................................ LAMOUREUX.

ORDRE GÉNÉRAL.

ADMINISTRATION
DE LA GUERRE.

BUREAU
DU CASERNEMENT.

Fixation des époques d'hiver et d'été pour le service de chauffage des troupes, suivant le calendrier grégorien.

DÉCISION du 2 Brumaire an 14.

Paris, le 7 Brumaire an 14.
[29 Octobre 1805.]

LE MINISTRE-DIRECTEUR de l'Administration de la guerre,

A MM. les Généraux commandant les Armées et les Divisions militaires, les Commissaires ordonnateurs des Armées et des Divisions militaires.

LE calendrier grégorien, Messieurs, devant être remis en usage à compter du 11 nivôse prochain, 1.er janvier 1806, il devient nécessaire de fixer, suivant ce calendrier, les époques d'hiver et d'été, pour le service du chauffage des troupes.

J'ai fixé ces époques de la manière suivante :

DANS LES DÉPARTEMENS où l'on compte POUR LE CHAUFFAGE dans les Casernes.	CHAUFFAGE des Troupes DANS LES CASERNES.	CHAUFFAGE sur le pied DE CAMPAGNE.	CHAUFFAGE ET ÉCLAIRAGE des CORPS-DE-GARDE.	
Six mois d'hiver.....	Hiver, du 16 oct. au 15 avril.	Hiver, du 1.er oct. au d.er avril.	Premier mois d'hiver,	octobre.
			Cinq grands mois d'hiver,	du 1.er novembre au dernier mars.
	Été, du 16 avril au 15 octob.	Été, du 1.er mai au d.er sept.	Dernier mois d'hiver,	avril.
			Été.........	du 1.er mai au dernier septembre.
Cinq mois d'hiver....	Hiver, du 1.er nov. au d.er mars.	Hiver, du 16 oct. au 15 avril.	Premier mois d'hiver,	du 16 octobre au 15 novembre.
			Quatre grands mois d'hiver,	du 16 novembre au 15 mars.
	Été, du 1.er avril au d.er oct.	Été, du 16 avril au 15 octobre.	Dernier mois d'hiver,	du 16 mars au 15 avril.
			Été.........	du 16 avril au 15 octobre.
Quatre mois d'hiver..	Hiver, du 16 nov. au 15 mars.	Hiver, du 1.er nov. au d.er mars.	Premier mois d'hiver,	novembre.
			Trois grands mois d'hiver,	du 1.er déc. au dernier février.
	Été, du 16 mars au 15 nov.	Été, du 1.er avril au d.er octob.	Dernier mois d'hiver,	mars.
			Été.........	du 1.er avril au dernier octobre.

Comme le calendrier actuel continuera d'être en usage jusqu'au 11 nivôse prochain, 1.er janvier 1806, on se conformera, jusqu'à cette époque, au réglement du 1.er fructidor an 8, pour le commencement des distributions du chauffage sur le pied de service d'hiver.

J'invite Messieurs les Généraux commandant les armées et les divisions militaires, à vouloir bien donner connaissance aux troupes de ces nouvelles dispositions, en les faisant mettre au plus prochain ordre du jour.

Vu par le Conseiller d'état chargé de la 1.re Section,

J'ai l'honneur de vous saluer,

DEJEAN.

Pour copie conforme :

Le Général de Brigade Chef de l'État-major général du Gouvernement de Paris et de la première Division militaire,

CÉSAR BERTHIER.

GOUVERNEMENT DE PARIS.

1.re DIVISION MILITAIRE.

ÉTAT-MAJOR GÉNÉRAL.

Au quartier général, à Paris, le 22 Brumaire an 14 [13 Novembre 1805].

SERVICE DE L'ÉTAT-MAJOR GÉNÉRAL.

Du 22 au 23 Brumaire.

L'Officier supérieur de service à l'État-major général.................... DEBON.
Officier de santé de service à l'État-major.......................... POISSON.
Secrétaire de service à l'État-major................................ LAMOUREUX.

Du 23 au 24 Brumaire.

Le Capitaine-Adjoint de service à l'État-major général................. DESGOUTTES.
Officier de santé de service à l'État-major.......................... DANTREVILLE.
Secrétaire de service à l'État-major................................ BRUNEL.

Rien de nouveau.

Le Général de Brigade Chef de l'État-major général du Gouvernement de Paris et de la première Division militaire,

CÉSAR BERTHIER.

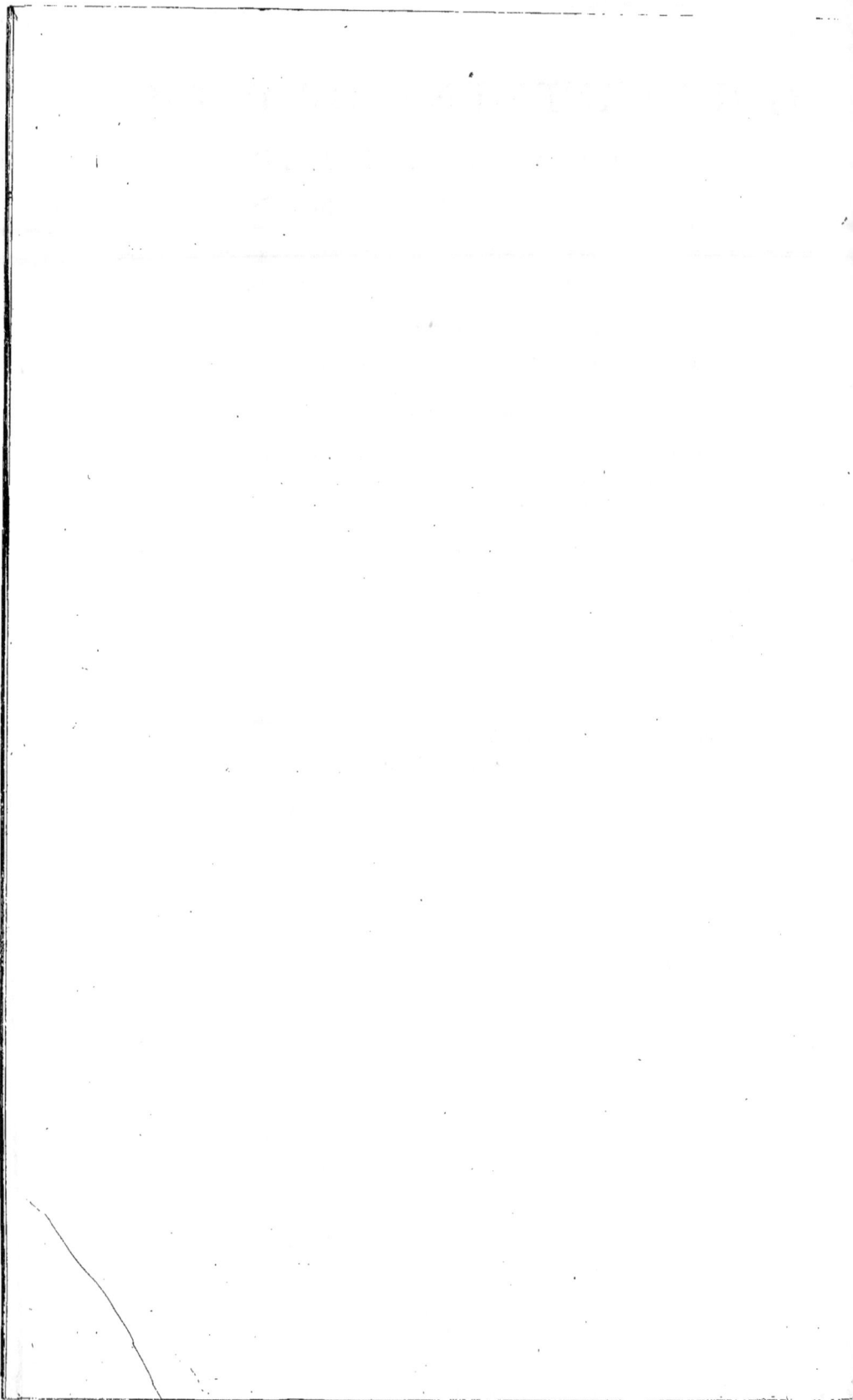

GOUVERNEMENT DE PARIS.

1.re DIVISION MILITAIRE.

ÉTAT-MAJOR GÉNÉRAL.

Au quartier général, à Paris, le 23 Brumaire an 14 [14 Novembre 1805].

SERVICE DE L'ÉTAT-MAJOR GÉNÉRAL.

Du 23 au 24 Brumaire.

Le Capitaine-Adjoint de service à l'État-major général........................ DESGOUTTES.
Officier de santé de service à l'État-major........................... DANTREVILLE.
Secrétaire de service à l'État-major............................... BRUNEL.

Du 24 au 25 Brumaire.

L'Officier supérieur de service à l'État-major général..................... DURAND.
Officier de santé de service à l'État-major........................... POISSON.
Secrétaire de service à l'État-major............................... DUBOIS.

EXTRAIT des Jugemens rendus par le 1.er Conseil de guerre de la 1.re Division militaire, pendant le mois de Vendémiaire an 14.

NUMÉROS DES JUGEMENS.	DATES.	NOMS ET PRÉNOMS des INDIVIDUS JUGÉS.	QUALITÉ MILITAIRE ou PROFESSION.	LIEUX de NAISSANCE.	ANALYSE DES JUGEMENS.	
1854.	27.	Foutan *(Bertrand)*......	Chasseur au 12.e régim.t d'infanterie légère.	Tournus d'Avent, département des Hautes-Pyrénées	Convaincu de vol.	Condamné à deux ans de prison, au bout duquel temps, il retournera à son corps pour y continuer son service.
1855.	*Id.*	Besson *(Christophe)*.....	Fusilier au 2.e rég. de la Garde municipale de Paris.	Clermont-Ferrand, dép.t du Puy-de-Dôme.	Prévenu de faux, vol et escroquerie.	Acquitté, mis en liberté, et renvoyé à son corps.
1856.	*Id.*	Labussière *(Joseph dit Gerard)*, contumax......	Conscrit, déserteur.	Bennevent, dép. de la Creuse.	Prévenu de tentative de vol.	Renvoyé avec les pièces de la procédure devant la Cour de justice criminelle du Département de la Seine.
1857.	30.	Peyrusse *(Clément)*......	Dragon au 3.e régiment.	Massele, département du Gard.	Convaincu de vol envers deux de ses camarades.	Condamné à six années de fers, à la dégradation militaire et au remboursement de la valeur des objets volés.
1858.	*Id.*	Moutel *[Jean-Baptiste]*...	*Idem.*	Leichee, près Londres, en Angleterre.	Prévenu de s'être fait inscrire sous un faux nom au registre-matricule du corps.	Acquitté, et mis à la disposition de l'État-major général, comme soupçonné déserteur.

TOTAL des jugemens rendus par le 1.er Conseil de guerre pendant le mois de vendémiaire an 14, ci 5.
TOTAL des individus jugés pendant le même mois par ce Conseil, ci.......... {Présens.. 4. / Contumax 1.} 5.

Pour extrait conforme aux expéditions desdits jugemens.

Le Général de Brigade Chef de l'État-major général du Gouvernement de Paris et de la première Division militaire,

CÉSAR BERTHIER.

GOUVERNEMENT DE PARIS.

1.re *DIVISION MILITAIRE.*

ÉTAT-MAJOR GÉNÉRAL.

Au quartier général, à Paris, le 24 Brumaire an 14 [15 Novembre 1805].

SERVICE DE L'ÉTAT-MAJOR GÉNÉRAL.

Du 24 au 25 Brumaire.

L'Officier supérieur de service à l'État-major général........ DURAND.
Officier de santé de service à l'État-major........ POISSON.
Secrétaire de service à l'État-major........ DUBOIS.

Du 25 au 26 Brumaire.

Le Capitaine-Adjoint de service à l'État-major général........ DELON.
Officier de santé de service à l'État-major........ DANTREVILLE.
Secrétaire de service à l'État-major........ CORBET.

Rien de nouveau.

Le Général de Brigade Chef de l'État-major général du Gouvernement de Paris et de la première Division militaire,

CÉSAR BERTHIER.

GOUVERNEMENT DE PARIS.

1.re *DIVISION MILITAIRE.*

ÉTAT-MAJOR GÉNÉRAL.

Au quartier général, à Paris, le 25 Brumaire an 14 [16 Novembre 1805].

SERVICE DE L'ÉTAT-MAJOR GÉNÉRAL.

Du 25 au 26 Brumaire.

Le Capitaine-Adjoint de service à l'État-major général.................... DELON.
Officier de santé de service à l'État-major.............................. DANTREVILLE.
Secrétaire de service à l'État-major..................................... CORBET.

Du 26 au 27 Brumaire.

L'Officier supérieur de service à l'État-major général.................... DEBON.
Officier de santé de service à l'État-major.............................. POISSON.
Secrétaire de service à l'État-major..................................... LECLERC.

ORDRE GÉNÉRAL du 25 Vendémiaire an 14.

J'AI vu avec peine le désordre de l'administration des deux régimens d'infanterie de la garde municipale, principalement du premier. La masse des spectacles et postes salariés se divise en deux portions : d'après l'arrêté de formation de ces corps, la première portion devait être répartie sur-le-champ aux sous-officiers et soldats.

Le conseil d'administration n'avait nullement le droit d'en retarder la répartition. Les conseils d'administration et colonels des trois régimens de la garde municipale sont prévenus qu'ils me répondront personnellement de toute infraction aux ordres donnés à ce sujet. J'entends que depuis le 1.er vendémiaire an 14, que j'en ai donné l'ordre, cette première partie de la masse des spectacles et postes salariés soit distribuée exactement et sans interruption.

Pour se conformer à l'arrêté du 12 vendémiaire an 11, les conseils d'administration devaient suivre les réglemens en vigueur pour toutes les troupes, pour tout ce qui n'est point prévu par ledit arrêté. A l'avenir les officiers supérieurs chargés du détail de cette masse ne pourront en conserver les fonds ; ils les feront verser à mesure dans la caisse du corps. Il sera établi un registre par bataillon, portant le détail des postes payans, le nombre d'hommes qui ont fait le service, la date exacte et le montant du service, signé par le chef du poste sur une feuille volante qui sera annexée au registre : ces feuilles particulières serviront de pièces justificatives pour établir la recette.

Ces registres seront vérifiés et arrêtés par les conseils d'administration, de même que tous les autres registres du corps, et en présence des officiers chargés des détails.

Les conseils d'administration des trois corps de la garde municipale feront établir sur-le-champ le décompte de cette masse et de celle des travailleurs ; ce décompte devra être achevé pour le 1.er frimaire au plus tard.

Il sera établi de la manière suivante :

Premier Régiment.

La recette de la première portion depuis le 1.er vendémiaire an 12 jusqu'au 1.er vendémiaire an 14, se monte, d'après la déclaration du conseil d'administration, à seize mille six cent cinquante-neuf francs vingt centimes 16,659f 20c

Sur laquelle somme il a été remis aux soldats faisant le service, douze mille neuf cent quatre-vingt-dix-sept francs quatre-vingt-seize centimes . . . . 12,997. 96.

Reste par conséquent à distribuer aux soldats, sur la première portion, la somme de trois mille six cent soixante-un francs vingt-quatre centimes . . . . 3,661. 24.

laquelle somme le conseil d'administration fera distribuer sur-le-champ aux sous-officiers et soldats.

C'est aux membres qui composent ce conseil à répondre des fonds qui leur sont confiés. S'ils ont à se plaindre des officiers qu'ils ont chargé des détails, il leur est ordonné d'en porter plainte et de les faire poursuivre; mais préalablement ils aviseront aux moyens d'exécuter le présent ordre, et ils feront ensorte que cette somme de trois mille six cent soixante-un francs vingt-quatre centimes soit distribuée aux sous-officiers et soldats d'ici au 1.er frimaire.

La seconde portion de cette masse s'élève pendant le même espace de temps à une somme égale de seize mille six cent cinquante-neuf francs vingt centimes.

D'après la déclaration et les états fournis par le conseil, il a été rendu à d'autres régimens pour service fait conjointement avec le corps 3,640f 10c

Payé pour des réparations aux casernes et autres dépenses . . . . 1,938. 14.

Total cinq mille cinq cent soixante-dix-huit francs vingt-quatre centimes . . . . 5,578. 24.

Qui, retranchés de la recette générale, donnent un reste de onze mille quatre-vingts francs quatre-vingt-seize centimes.

L'article 45 du titre IX de l'arrêté du 12 vendémiaire an 11, porte ce qui suit :

« La moitié de la rétribution déterminée par le préfet de police sera donnée à celui ou ceux qui auront » fait ledit service, et l'autre moitié sera répartie de six mois en six mois entre les sous-officiers et soldats » de la totalité de la garde municipale au prorata de leur solde. »

D'après cela, la somme de onze mille quatre-vingts francs quatre-vingt-seize centimes devrait être répartie entre tous les sous-officiers et soldats de la garde municipale; mais comme le conseil d'administration a employé cette somme pour l'usage des sous-officiers et soldats en leur achetant des pantalons, il est permis au conseil d'affecter cette somme au paiement de ces objets; bien entendu pourtant que, pour tout ce qui pourrait être dû au-delà de cette somme, les membres du conseil d'administration en répondront, puisque d'après l'arrêté ci-dessus cité, je ne puis souffrir davantage qu'il ne soit pas exécuté, et que depuis le 1.er vendémiaire il n'est plus permis de rien distraire de cette masse.

Deuxième Régiment.

La masse des spectacles et postes salariés a commencé le 12 brumaire an 12, et a produit une recette de vingt-quatre mille deux cent quatre-vingt-deux francs vingt-deux centimes, ce qui fait douze mille cent quarante-un francs onze centimes pour la première portion, et une somme pareille pour la seconde.

La première portion a été distribuée exactement aux sous-officiers et soldats.

Sur la seconde portion, quatre mille six cent soixante-neuf francs quarante-deux centimes ont été employés à des achats de vin, réparations à l'habillement, achats de sabres, &c.

Pour la dernière fois ces dépenses sont approuvées; mais les membres du conseil sont prévenus qu'ils sont personnellement responsables de l'exécution de l'article cité ci-dessus, de l'arrêté du Gouvernement.

Ainsi, retranchant de la somme totale de douze mille cent quarante-un francs onze centimes. 12,141f 11c

Celle de quatre mille six cent soixante-neuf fr. quarante-deux cent.es qui est allouée en dépense 4,669. 42.

Il reste à répartir la somme de sept mille quatre cent soixante-onze fr. soixante-neuf cent.es . . 7,471. 69.

à la totalité des sous-officiers et soldats des trois corps de la garde municipale.

Il est ordonné au Général commandant la garnison, de faire répartir cette somme sur-le-champ aux sous-officiers et soldats de cette garde, au prorata de leur solde, aux termes de l'article cité ci-dessus.

Dragons municipaux.

Les dragons de la garde de Paris recevront de suite du conseil d'administration de leur corps, la somme de deux cent soixante francs, prélevée par lui sur la première portion de la masse des spectacles, pour frais de bureaux, ce qui est tout-à-fait illégal.

Il y a un grand conseil d'administration chargé de rendre compte à S. M. l'Empereur, de la situation de l'administration des régimens de la garde de Paris, et des abus de tout genre qui s'y sont introduits. Les conseils sont prévenus qu'ils répondront de tout ce qui serait trouvé contraire aux réglemens militaires, et aux décrets et lois relatifs au service.

La somme provenant des travailleurs est mal administrée : sous aucun prétexte, on ne doit toucher à cette masse, qui doit être distribuée exactement aux sous-officiers et soldats qui font le service pour leurs camarades. Il est enjoint aux colonels de faire ensorte que cette distribution soit faite à chaque prêt. Sous aucun prétexte, il ne doit être rien distrait de cette masse. Les sommes en provenant doivent tourner entièrement au profit des sous-officiers et soldats.

Il est enjoint aux conseils d'administration des trois corps de suivre strictement les réglemens en usage pour l'administration des corps de l'armée, quant à l'habillement et à tout ce qui ne serait pas contraire à l'arrêté de formation de la garde municipale.

Il est temps que les abus cessent et que l'ordre se rétablisse. L'Empereur est instruit de l'état actuel de l'administration des régimens de la garde municipale; les punitions et les éloges ne tarderont pas à arriver à ceux qui méritent les uns ou les autres.

Les colonels de toute arme de la garnison sont prévenus que, sous aucun prétexte que ce soit, il ne sera rien changé aux décrets et réglemens militaires, parce que ce n'est pas en mon pouvoir; et ils doivent veiller à ce que les ordres sur les retenues soient exécutés scrupuleusement. Il ne peut y en avoir d'autres que celles ordonnées par les réglemens ou par un décret de l'Empereur. Lorsqu'il sera nécessaire d'en faire établir de nouvelles, j'en ferai volontiers la demande à S. M., mais il faut auparavant que la né-essité m'en soit bien démontrée, et que toutes celles qui ont eu lieu jusqu'ici aient cessé et que le décompte en soit fait.

Je sais que dans quelques corps de la garnison, l'on a annoncé que les décomptes ont été faits, tandis que cela n'est pas encore exécuté. A l'avenir tout officier qui fera de faux rapports, sera suspendu de ses fonctions, et il en sera rendu compte au Gouvernement : on ne doit point souffrir de légèreté ni de plaisanteries dans le service.

Le Général commandant la garnison ordonnera les arrêts de rigueur aux colonels qui n'auraient pas exécuté l'ordre du 21 vendémiaire, qui devait l'être dès le 1.er de ce mois. On n'admettra aucune excuse dans la non exécution des ordres.

La masse de linge et chaussure ne doit pas excéder la somme fixée par les réglemens.

Il est défendu de retenir le sou de grenade aux compagnies de voltigeurs, sous quelque prétexte que ce soit. J'apprends que, malgré l'ordre formel que j'en ai donné, il existe des retenues depuis le 1.er brumaire, dans les compagnies de voltigeurs du douzième régiment : ces retenues cesseront dès aujourd'hui, et le montant en sera rendu aux chasseurs. Le Général commandant la garnison ordonnera les arrêts de rigueur au chef du corps pour avoir toléré cette désobéissance formelle.

A l'exception de la garde municipale, tous les sous-officiers et soldats des régimens de la garnison qui recevront des *indemnités* quelconques pour un service salarié, les toucheront chaque jour des mains du chef du poste. Il est défendu d'en rien retenir et d'y toucher. Les sommes provenant de ce genre de service appartiennent en totalité à ceux qui le font.

Tous les ordres généraux expédiés aux chefs de corps, seront mis en entier, par eux, à l'ordre de leur régiment; ils les certifieront conformes, et veilleront à ce qu'ils soient lus à l'appel dans chaque compagnie assemblée, conformément aux réglemens.

Les ordres généraux dans lesquels il est question de l'administration de la garde municipale, seront adressés, par le Chef de l'état-major général, à M. le Conseiller d'état Préfet de la Seine. Il lui adressera de suite tous ceux donnés depuis le 1.er vendémiaire an 14.

Signé LOUIS BONAPARTE.

Pour copie conforme :

Le Général de Brigade Chef de l'État-major général du Gouvernement de Paris et de la première Division militaire,

CÉSAR BERTHIER.

GOUVERNEMENT DE PARIS.

1.re DIVISION MILITAIRE.

ÉTAT - MAJOR GÉNÉRAL.

Au quartier général, à Paris, le 26 Brumaire an 14 [17 Novembre 1805].

SERVICE DE L'ÉTAT-MAJOR GÉNÉRAL.

Du 26 au 27 Brumaire.

L'Officier supérieur de service à l'État-major général .... DEBON.

Officier de santé de service à l'État-major .... POISSON.

Secrétaire de service à l'État-major .... LECLERC.

Du 27 au 28 Brumaire.

Le Capitaine-Adjoint de service à l'État-major général .... AUCLER.

Officier de santé de service à l'État-major .... DANTREVILLE.

Secrétaire de service à l'État-major .... PAPET.

EXTRAIT des Jugemens rendus par le 2.e Conseil de guerre permanent de la 1.re Division militaire, pendant le mois de Vendémiaire an 14.

NUMÉROS DES JUGEMENS.	DATES.	NOMS ET PRÉNOMS des INDIVIDUS JUGÉS.	QUALITÉ MILITAIRE ou PROFESSION.	LIEUX de NAISSANCE.	ANALYSE DES JUGEMENS.	
844.	27.	Chardon (*Pierre*)......	Fusilier au 40.e régiment de ligne.	Luçon, départ.t de la Sarthe.	Prévenu de vol envers son camarade, d'escroquerie envers la femme de son Sergent, et de vente de ses effets militaires.	Acquitté des accusations dirigées contre lui; mais attendu qu'il a disposé de quelques-uns de ses effets militaires, sans autorisation, condamné, par forme de discipline militaire, à garder prison pendant un mois, à l'expiration de laquelle peine, il sera à la disposition de l'État-major général.
845.	*Id.*	Béliot (*François*).......	*Idem.*	Tessé, départem. de l'Orne.	Prévenu d'avoir vendu des effets qu'il avait reçus du Corps.	Acquitté des accusations dirigées contre lui; mais attendu qu'il a disposé, sans autorisation, de ses effets militaires, condamné, par forme de discipline milit.re, à garder prison pendant 15 jours, au bout duquel temps, il sera à la disposition de l'État-major général.
846.	*Id.*	Jolly (*Pierre*)..........	Dragon du 1.er régiment.	Ameux, départ.t de la Charente-Inférieure.	Convaincu de vol d'argent envers un de ses camarades.	Condamné à deux ans de prison, à l'expiration de laquelle peine il sera mis à la disposition de l'État major génér.

TOTAL des jugemens rendus par le 2.e Conseil de guerre permanent pendant le mois de vendémiaire an 14, ci .... 3.

TOTAL des individus jugés pendant le même mois par ce Conseil, ci .... {Présens.. 3. / Contumax 0.} 3.

Pour extrait conforme aux expéditions desdits jugemens.

Le Général de Brigade Chef de l'État-major général du Gouvernement de Paris et de la première Division militaire,

CÉSAR BERTHIER.

GOUVERNEMENT DE PARIS.

1.re *DIVISION MILITAIRE.*

ÉTAT-MAJOR GÉNÉRAL.

Au quartier général, à Paris, le 27 Brumaire an 14 [18 Novembre 1805].

SERVICE DE L'ÉTAT-MAJOR GÉNÉRAL.

Du 27 au 28 Brumaire.

Le Capitaine-Adjoint de service à l'État-major général.................. AUCLER.
Officier de santé de service à l'État-major.......................... DANTREVILLE.
Secrétaire de service à l'État-major.................................. PAPET.

Du 28 au 29 Brumaire.

Le Capitaine-adjoint de service à l'État-major général.................. DESGOUTTES.
Officier de santé de service à l'État-major.......................... POISSON.
Secrétaire de service à l'État-major.................................. LAMOUREUX.

Rien de nouveau.

Le Général de Brigade Chef de l'État-major général du Gouvernement de Paris et de la première Division militaire,

CÉSAR BERTHIER.

GOUVERNEMENT DE PARIS.

1.re *DIVISION MILITAIRE.*

ÉTAT-MAJOR GÉNÉRAL.

Au quartier général, à Paris, le 28 Brumaire an 14 [19 Novembre 1805].

SERVICE DE L'ÉTAT-MAJOR GÉNÉRAL.

Du 28 au 29 Brumaire.

Le Capitaine-adjoint de service à l'État-major général.................. DESGOUTTES.
Officier de santé de service à l'État-major.......................... POISSON.
Secrétaire de service à l'État-major................................ LAMOUREUX.

Du 29 au 30 Brumaire.

L'Officier supérieur de service à l'État-major général.................. DURAND.
Officier de santé de service à l'État-major.......................... DANTREVILLE.
Secrétaire de service à l'État-major................................ BRUNEL.

Rien de nouveau.

Le Général de Brigade Chef de l'État-major général du Gouvernement de Paris et de la première Division militaire,

CÉSAR BERTHIER.

GOUVERNEMENT DE PARIS.

1.re DIVISION MILITAIRE.

ÉTAT-MAJOR GÉNÉRAL.

Au quartier général, à Paris, le 29 Brumaire an 14 [20 Novembre 1805].

SERVICE DE L'ÉTAT-MAJOR GÉNÉRAL.

Du 29 au 30 Brumaire.

L'Officier supérieur de service à l'État-major général.................... DURAND.
Officier de santé de service à l'État-major.......................... DANTREVILLE.
Secrétaire de service à l'État-major................................ BRUNEL.

Du 30 Brumaire au 1.er Frimaire.

Le Capitaine-adjoint de service à l'État-major général.................. DELON.
Officier de santé de service à l'État-major.......................... POISSON.
Secrétaire de service à l'État-major................................ DUBOIS.

ORDRE GÉNÉRAL.

Les troupes composant la Garnison de Paris sont prévenues qu'elles se trouvent, dès aujourd'hui, sous les ordres du Général de brigade *Charlot:* le Général de division *Broussier,* étant nommé Chef de l'État-major général de l'armée du Nord, quitte provisoirement le commandement des troupes de la Garnison. L'Adjudant commandant *Borrel* est employé, sous les ordres du Général *Charlot,* comme Chef de l'État-major de la Garnison, en remplacement de l'Adjudant commandant *Doucet,* employé à l'État-major général de l'armée du Nord.

M. le Conseiller d'état, Préfet de la Seine, sera invité par M. le Chef de l'État-major général à faire renouveler, dans le mois de janvier 1806, les Conseils d'administration de la garde municipale et les Capitaines d'habillement, et à faire régler le taux de l'habillement à un prix raisonnable et conforme à l'arrêté du 8 floréal sur l'administration des troupes.

L'Adjudant-commandant, Chef de l'État-major des troupes de la Garnison est chargé de l'exécution de l'Ordre du 25, relativement à l'administration de la masse des spectacles et postes salariés; il prendra les mesures nécessaires pour que cette masse soit sévèrement administrée, conformément à l'arrêté de formation dans chacun des trois corps de la garde municipale.

Il veillera également à ce qu'il n'y ait point de masse de travailleurs dans ces corps. Les hommes auxquels on accordera la permission de travailler en ville, paieront à leurs camarades neuf francs par mois, laquelle somme sera distribuée à la compagnie, à chaque prêt, à raison d'un franc 50 centimes chaque fois, par le Sergent-major ou Maréchal-des-logis chef.

Les corps de la garde municipale subiront, ainsi qu'il a été ordonné, une retenue de cinq centimes pour l'infanterie, et huit centimes pour les dragons, ainsi que tous les corps de l'armée pour la masse de linge et chaussure. Cette masse, qui a dû commencer au 1.er vendémiaire an 14, sera continuée sans interruption; elle sera administrée ainsi que le prescrivent les réglemens militaires en usage dans les troupes de l'armée.

L'Adjudant-commandant, Chef d'État-major des troupes de la Garnison, prendra les mesures nécessaires pour s'assurer s'il est vrai que, dans le premier régiment de la garde municipale, on ait fait payer des congés. Tout Officier qui se serait rendu coupable d'une faute aussi grave, sera sévèrement puni. Les Colonels sont personnellement responsables de toute retenue qui n'est pas ordonnée par les réglemens ni par des ordres supérieurs.

Les quatrième et dixième demi-brigades de Vétérans sont administrées d'une manière bien différente : on n'a que des éloges à donner à la bonne administration, à l'ordre, à la clarté qui règnent dans la comptabilité du dixième régiment de Vétérans. Cet avantage est dû au zèle et aux talens du Général *Duplessis*.

Le quatrième régiment a son administration très-mal en ordre : le Conseil d'administration et le Colonel sont coupables de négligence, et seront sévèrement punis si le désordre continue encore.

Le Sous-inspecteur aux revues *Brémond* est chargé de faire établir la masse des spectacles et postes salariés, et celle des travailleurs, conformément à l'Ordre du 25 brumaire et à celui de ce jour; elles seront établies de cette manière à commencer du 1.er vendémiaire an 14.

L'Officier chargé de la musique de ce régiment cessera d'être chargé de ce détail; le Quartier-maître administrera cette masse sous les yeux du Conseil d'administration.

LOUIS BONAPARTE.

Pour copie conforme :

Le Général de Brigade, Chef de l'État-major général du Gouvernement de Paris et de la première Division militaire,

CÉSAR BERTHIER.

GOUVERNEMENT DE PARIS.

1.re *DIVISION MILITAIRE.*

ÉTAT-MAJOR GÉNÉRAL.

Au quartier général, à Paris, le 30 Brumaire an 14 [21 Novembre 1805].

SERVICE DE L'ÉTAT-MAJOR GÉNÉRAL.

Du 30 Brumaire au 1.er Frimaire.

Le Capitaine-adjoint de service à l'État-major général.................. DELON.
Officier de santé de service à l'État-major.......................... POISSON.
Secrétaire de service à l'État-major.............................. DUBOIS.

Du 1.er au 2 Frimaire.

L'Officier supérieur de service à l'État-major général.................... DEBON.
Officier de santé de service à l'État-major.......................... DANTREVILLE.
Secrétaire de service à l'État-major.............................. CORBET.

ORDRE GÉNÉRAL.

Monsieur *Debon*, Officier supérieur, employé à l'État-major général, y remplira les fonctions de Sous-Chef, en remplacement provisoire de Monsieur l'Adjudant-commandant *Borrel.*

Le Général de Brigade Chef de l'État-major général du Gouvernement de Paris et de la première Division militaire,

CÉSAR BERTHIER.

GOUVERNEMENT DE PARIS.

1.re *DIVISION MILITAIRE.*

ÉTAT-MAJOR GÉNÉRAL.

Au quartier général, à Paris, le 1.er Frimaire an 14 [22 Novembre 1805].

SERVICE DE L'ÉTAT-MAJOR GÉNÉRAL.

Du 1.er au 2 Frimaire.

Le Capitaine-Adjoint de service à l'État-major général.................... AUCLER.
Officier de santé de service à l'État-major............................ DANTREVILLE.
Secrétaire de service à l'État-major................................ CORBET.

Du 2 au 3 Frimaire.

L'Officier supérieur de service à l'État-major général.................... DURAND.
Officier de santé de service à l'État-major............................ POISSON.
Secrétaire de service à l'État-major................................ LECLERC.

SIXIÈME BULLETIN DE L'ARMÉE D'ITALIE.

Au quartier général de Passeziano, le 22 Brumaire an 14.

L'armée, dans sa marche sur la Piave, n'a rencontré que de faibles obstacles. De la Piave au Tagliamento, elle a vu fuir devant elle quelques corps de cavalerie qui semblaient l'observer, mais dont la retraite était calculée de manière à éviter tout engagement.

C'est au Tagliamento que l'ennemi parut vouloir nous attendre : il avait réuni, sur la rive gauche, six régimens de cavalerie et quatre régimens d'infanterie, et sa contenance faisait présumer qu'il défendrait vivement le passage. Le Général en chef n'avait eu d'abord que le dessein de faire reconnaître sa position par de la cavalerie. Le Général *Espagne*, commandant la division des Chasseurs à cheval, les Dragons aux ordres du Général *Mermet*, et les Cuirassiers aux ordres du Général *Pully*, s'étaient portés sur le fleuve, tandis que les divisions *Duhesme* et *Seras* marchaient sur Saint-Vitto ; celles des généraux *Molitor* et *Gardanne* se dirigeaient sur Valvasone.

Le Général *Espagne* avait reçu l'ordre de pousser des reconnaissances : le 21, à six heures du matin, un escadron, qu'il avait fait passer, fut chargé par un régiment de cavalerie autrichienne ; il soutenait l'attaque avec intrépidité, et donna le temps au Général *Espagne* de se porter au-devant de l'ennemi, qui bientôt fut repoussé et mis en fuite. Notre artillerie cependant s'était mise en position ; la canonnade commença d'une rive à l'autre ; elle fut très-vive, et se prolongea toute la journée. L'ennemi avait placé trente pièces de canon derrière une digue, nous n'en avions que dix-huit, et nos artilleurs conservèrent leur supériorité ordinaire : les divisions d'infanterie arrivèrent vers le soir. Le Général en chef, satisfait des avantages qu'il avait obtenus, et qui lui en assuraient de nouveaux, ne voulut pas de suite effectuer le passage ; il se contenta de faire ses dispositions pour le lendemain, persuadé qu'il pourrait porter des coups plus décisifs. Les divisions étaient réunies aux points indiqués à Saint-Vitto et à Valvasone ; c'est sur ces deux points qu'elles devaient passer le fleuve, tourner et couper l'ennemi. Le prince *Charles* craignit sans doute l'exécution de ce plan ; il ne jugea pas devoir attendre le jour dans sa position, et dès minuit il était en retraite sur le chemin de Palmanova. L'armée passa le Tagliamento avec le regret de n'avoir plus d'ennemis à combattre, et ce fut alors qu'elle connut mieux encore tous les résultats de la journée de la veille : la rive gauche du fleuve était couverte d'hommes et de chevaux qui avaient péri par l'effet de notre artillerie. L'armée continue sa marche ; l'espoir de rencontrer et de combattre l'ennemi, ajoute à son impatiente ardeur : elle apprend tout ce que fait la grande armée ; et le desir de seconder ses mouvemens et de répondre à la confiance de l'Empereur, l'agite et l'aiguillonne sans cesse.

L'avant-garde enlève chaque jour des prisonniers, qui vont grossir le nombre de ceux que nous avons déjà faits. Le temps est constamment favorable ; on travaille à réparer les ponts de la Piave et du Tagliamento.

Signé LOUIS BONAPARTE.

Pour copie conforme :

Le Général de Brigade Chef de l'État-major général du Gouvernement de Paris et de la première Division militaire,

CÉSAR BERTHIER.

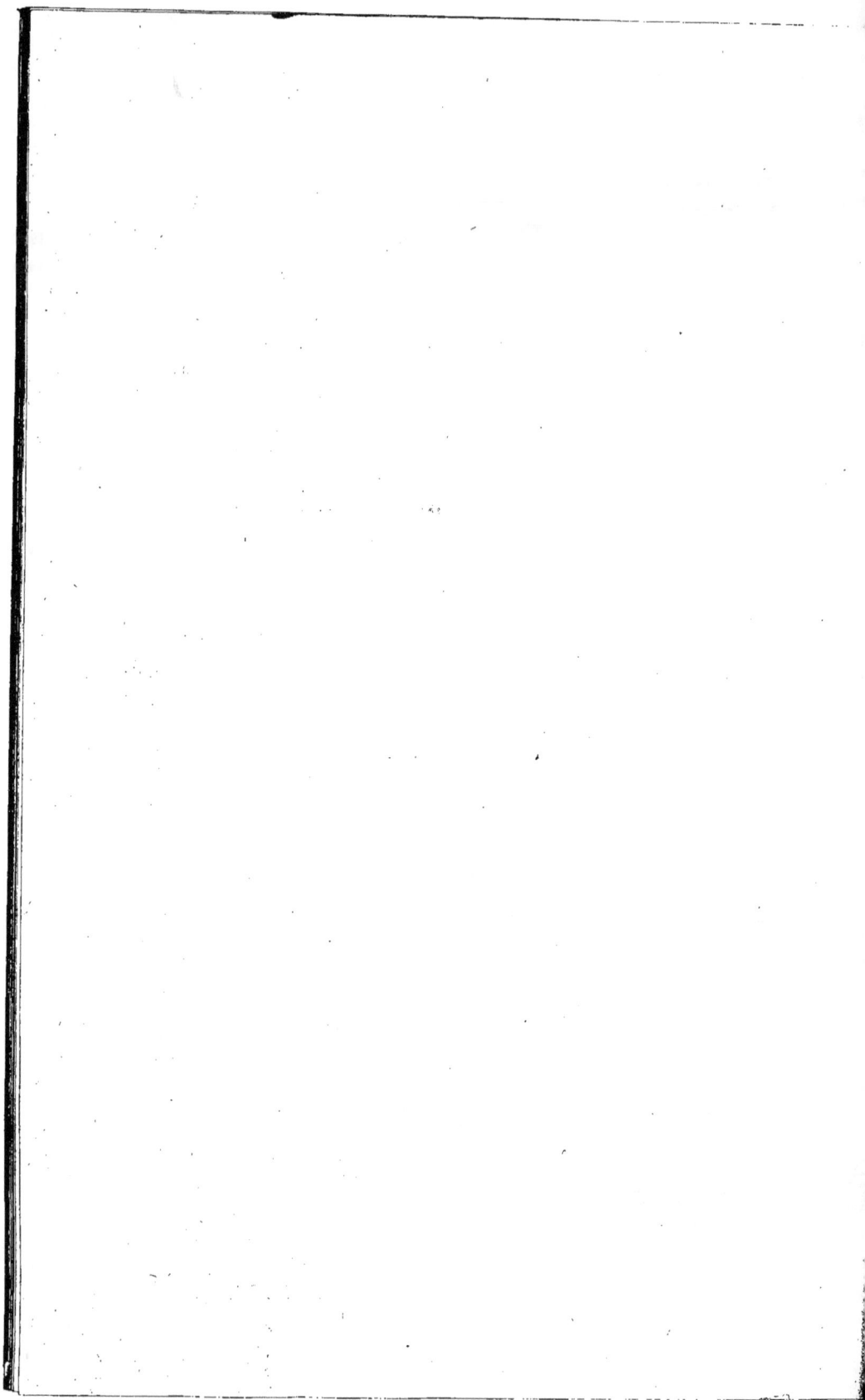

GOUVERNEMENT DE PARIS.

1.re DIVISION MILITAIRE.

ÉTAT-MAJOR GÉNÉRAL.

Au quartier général, à Paris, le 2 Frimaire an 14 [23 Novembre 1805].

SERVICE DE L'ÉTAT-MAJOR GÉNÉRAL

Du 2 au 3 Frimaire.

L'Officier supérieur de service à l'État-major général........................ DURAND.
Officier de santé de service à l'État-major............................. POISSON.
Secrétaire de service à l'État-major.................................... LECLERC.

Du 3 au 4 Frimaire.

Le Capitaine-Adjoint de service à l'État-major général..................... DELON.
Officier de santé de service à l'État-major............................. DANTREVILLE.
Secrétaire de service à l'État-major.................................... PAPET.

Rien de nouveau.

Le Général de Brigade Chef de l'État-major général du Gouvernement de Paris et de la première Division militaire,

CÉSAR BERTHIER.

GOUVERNEMENT DE PARIS.

1.re *DIVISION MILITAIRE.*

ÉTAT-MAJOR GÉNÉRAL.

Au quartier général, à Paris, le 3 Frimaire an 14 [24 Novembre 1805].

SERVICE DE L'ÉTAT-MAJOR GÉNÉRAL.

Du 3 au 4 Frimaire.

Le Capitaine-Adjoint de service à l'État-major général.................. DELON.
Officier de santé de service à l'État-major.......................... DANTREVILLE.
Secrétaire de service à l'État-major.................................. PAPET.

Du 4 au 5 Frimaire.

Le Capitaine-Adjoint de service à l'État-major général.................. AUCLER.
Officier de santé de service à l'État-major.......................... POISSON.
Secrétaire de service à l'État-major.................................. LAMOUREUX.

ORDRE GÉNÉRAL.

Les troupes de la Garnison sont prévenues que sa Majesté ayant nommé M. *Dubreton* Commissaire-ordonnateur en chef de l'armée du Nord, il sera momentanément remplacé, dans l'exercice de ses fonctions de Commissaire-ordonnateur à Paris, par le Commissaire-ordonnateur *Sartelon.*

Le Général de Brigade Chef de l'État-major général du Gouvernement de Paris et de la première Division militaire,

CÉSAR BERTHIER.

GOUVERNEMENT DE PARIS.

1.re DIVISION MILITAIRE.

ÉTAT-MAJOR GÉNÉRAL.

Au quartier général, à Paris, le 4 Frimaire an 14 [25 Novembre 1805].

SERVICE DE L'ÉTAT-MAJOR GÉNÉRAL.

Du 4 au 5 Frimaire.

Le Capitaine-Adjoint de service à l'État-major général.................... AUCLER.
Officier de santé de service à l'État-major.......................... POISSON.
Secrétaire de service à l'État-major.............................. LAMOUREUX.

Du 5 au 6 Frimaire.

L'Officier supérieur de service à l'État-major général.................... DURAND.
Officier de santé de service à l'État-major.......................... DANTREVILLE.
Secrétaire de service à l'État-major.............................. BRUNEL.

ORDRE GÉNÉRAL.

Rien de nouveau.

Le Général de Brigade Chef de l'État-major général du Gouvernement de Paris et de la première Division militaire,

CÉSAR BERTHIER.

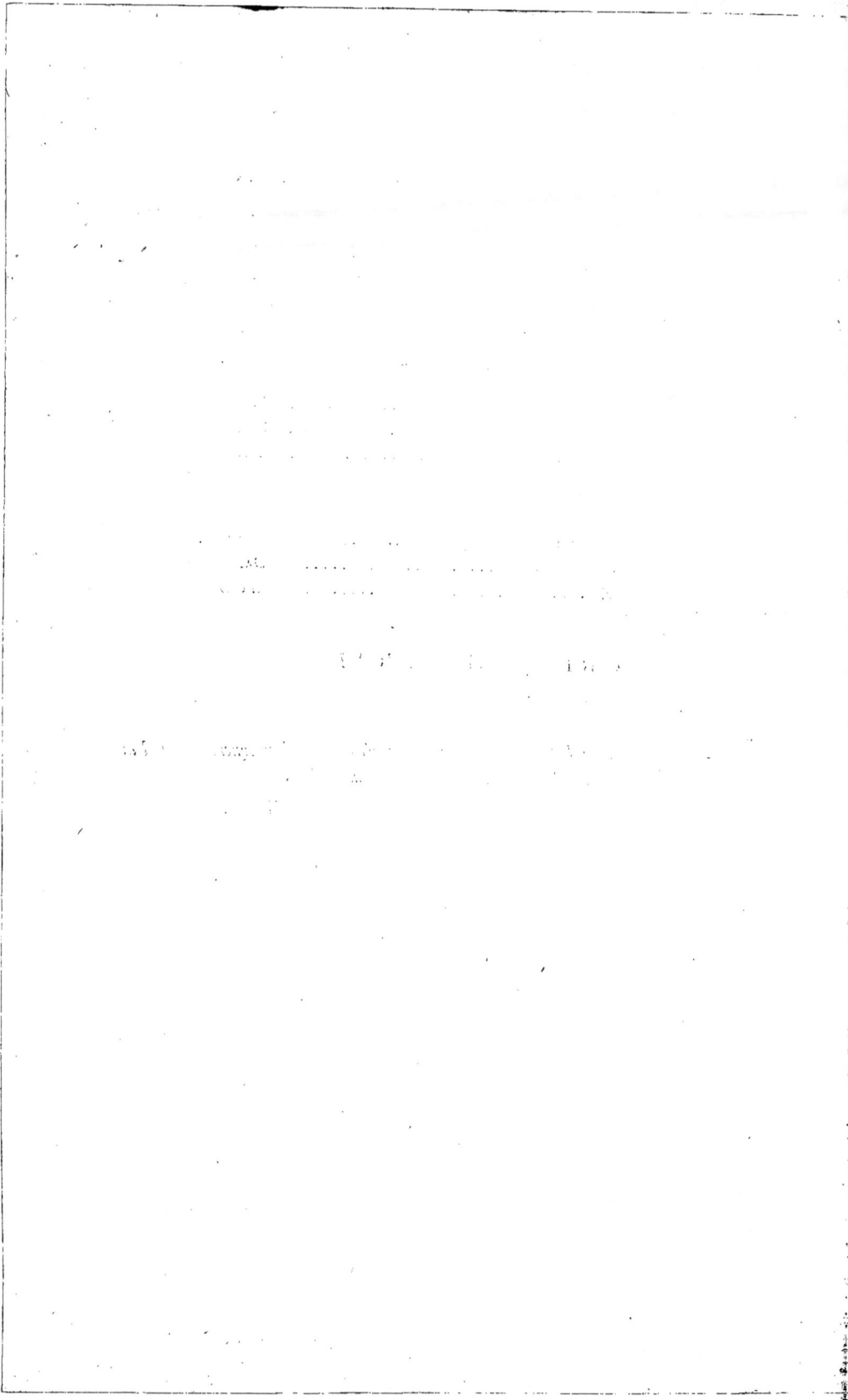

GOUVERNEMENT DE PARIS.

1.re *DIVISION MILITAIRE.*

ÉTAT-MAJOR GÉNÉRAL.

Au quartier général, à Paris, le 5 Frimaire an 14 [26 Novembre 1805].

SERVICE DE L'ÉTAT-MAJOR GÉNÉRAL.

Du 5 au 6 Frimaire.

L'Officier supérieur de service à l'État-major général........................ DURAND.
Officier de santé de service à l'État-major.. DANTREVILLE.
Secrétaire de service à l'État-major.. BRUNEL.

Du 6 au 7 Frimaire.

Le Capitaine-Adjoint de service à l'État-major général........................ DELON.
Officier de santé de service à l'État-major.. POISSON.
Secrétaire de service à l'État-major.. DUBOIS.

ORDRE GÉNÉRAL du 5 Frimaire an 14.

Les succès de la grande Armée ont passé nos espérances ; en 15 jours l'armée autrichienne a été détruite ; et le 22 brumaire, 40 jours après le passage du Rhin, S. M. l'Empereur et Roi est entré à Vienne. Les quatre derniers Bulletins sont arrivés à-la-fois ; les trois derniers sont datés du Palais de l'Empereur d'Autriche. Ces Bulletins, trop intéressans pour être analysés, ne pouvant être transcrits à l'ordre, seront distribués à tous les Corps en nombre suffisant. Les troupes verront avec admiration le combat de Dienstein, où des détachemens des 4.e, 12.e, 32.e, 100.e et 103.e Régimens d'Infanterie de ligne, du 9.e d'Infanterie légère et du 4.e de Dragons, au nombre de 4,000, ont tenu tête à 30,000 Russes, qui, non-seulement n'ont pu forcer la ligne française, mais ont perdu 4,000 hommes, des drapeaux et 1,300 prisonniers.

Depuis le passage de l'Inn, 10,000 Russes ou Autrichiens ont été faits prisonniers ; plus de deux mille bouches à feu prises. La Capitale et la plus grande partie des États de la Maison d'Autriche sont occupées par les Armées françaises.

Soldats ! puisque nous ne pouvons partager les travaux et la gloire de nos camarades, partageons leurs sentimens et l'alégresse qu'inspirent à tout Français des événemens si importans, si glorieux, qui assurent à jamais la gloire et le bonheur de notre pays.

Signé LOUIS BONAPARTE.

Pour copie conforme :

Le Général de Brigade Chef de l'État-major général du Gouvernement de Paris et de la première Division militaire,

CÉSAR BERTHIER.

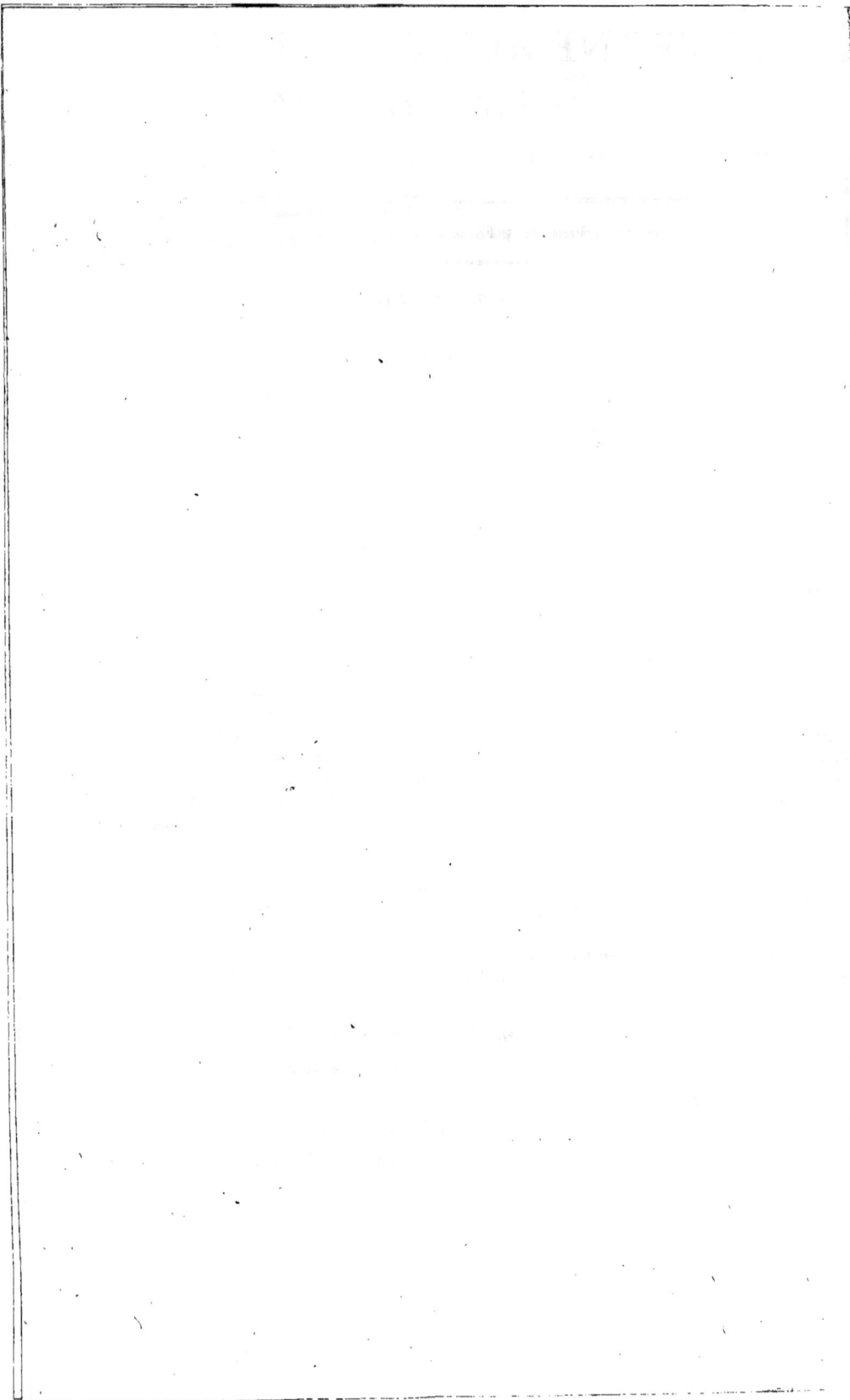

GOUVERNEMENT DE PARIS.

1.re *DIVISION MILITAIRE.*

ÉTAT-MAJOR GÉNÉRAL.

Au quartier général, à Paris, le 6 Frimaire an 14 [27 Novembre 1805].

SERVICE DE L'ÉTAT-MAJOR GÉNÉRAL.

Du 6 au 7 Frimaire.

Le Capitaine-Adjoint de service à l'État-major général.................... DELON.
Officier de santé de service à l'État-major.............................. POISSON.
Secrétaire de service à l'État-major................................. DUBOIS.

Du 7 au 8 Frimaire.

Le Capitaine-Adjoint de service à l'État-major général.................. AUCLER.
Officier de santé de service à l'État-major.............................. DANTREVILLE.
Secrétaire de service à l'État-major................................. CORBET.

Rien de nouveau.

Le Général de Brigade Chef de l'État-major général du Gouvernement de Paris et de la première Division militaire,

CÉSAR BERTHIER.

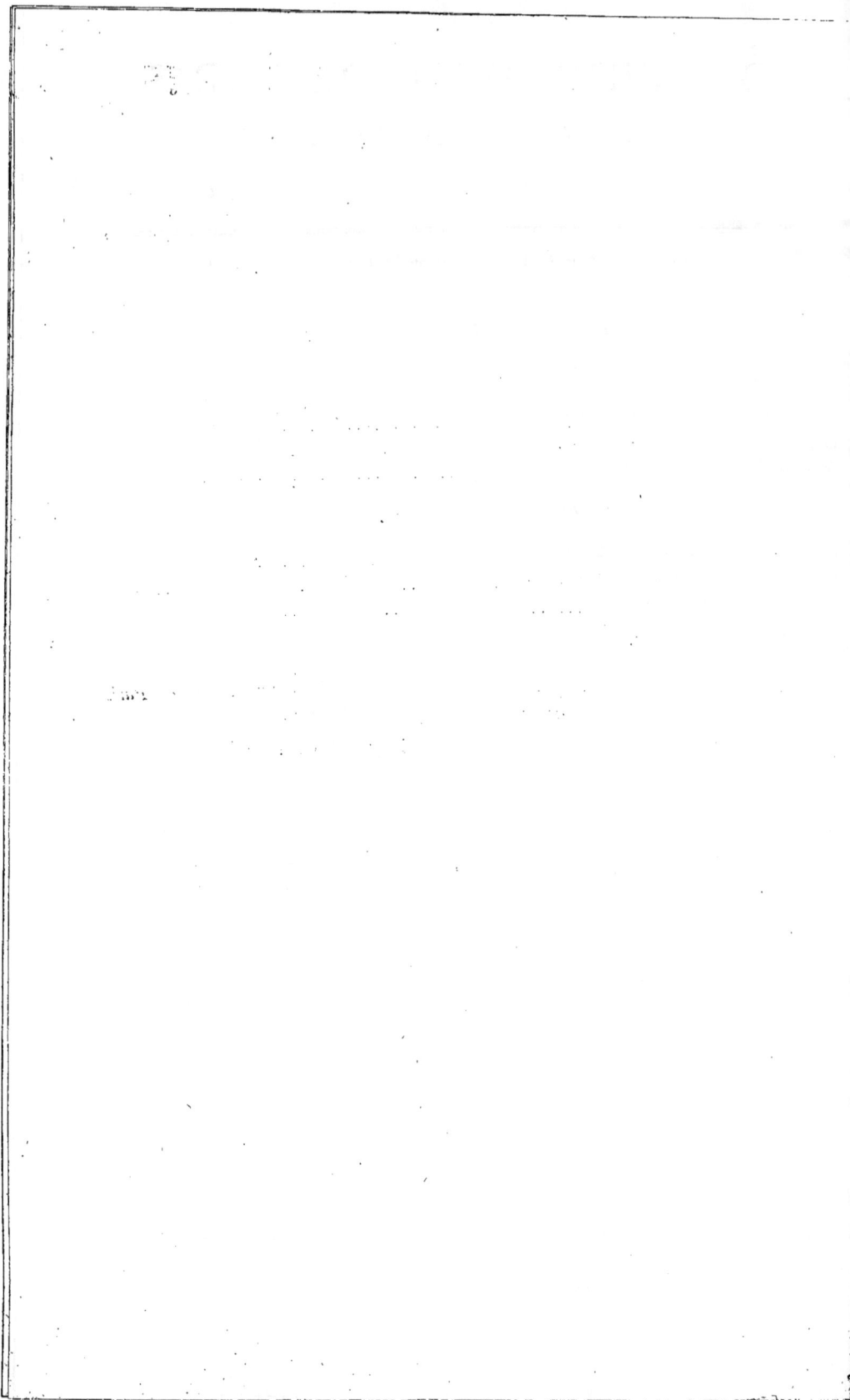

GOUVERNEMENT DE PARIS.

1.re DIVISION MILITAIRE.

ÉTAT-MAJOR GÉNÉRAL.

Au quartier général, à Paris, le 7 Frimaire an 14 [28 Novembre 1805].

SERVICE DE L'ÉTAT-MAJOR GÉNÉRAL.

Du 7 au 8 Frimaire.

Le Capitaine-Adjoint de service à l'État-major général.................. AUCLER.
Officier de santé de service à l'État-major.......................... DANTREVILLE.
Secrétaire de service à l'État-major................................. CORBET.

Du 8 au 9 Frimaire.

L'Officier supérieur de service à l'État-major général.................. DURAND.
Officier de santé de service à l'État-major.......................... POISSON.
Secrétaire de service à l'État-major................................. LECLERC.

Rien de nouveau.

Le Général de Brigade Chef de l'État-major général du Gouvernement de Paris et de la première Division militaire,

CÉSAR BERTHIER.

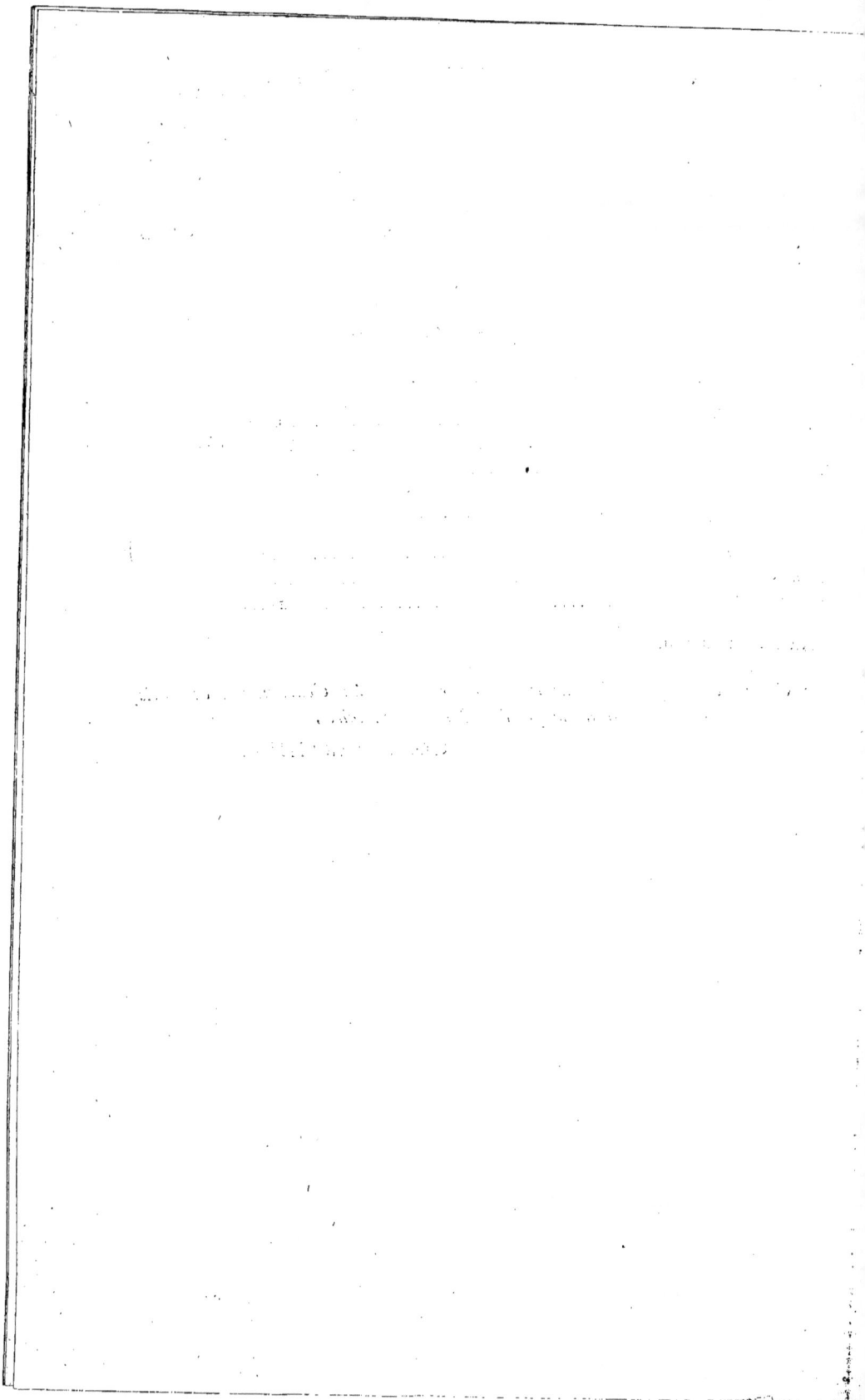

GOUVERNEMENT DE PARIS.

1.re *DIVISION MILITAIRE.*

ÉTAT-MAJOR GÉNÉRAL.

Au quartier général, à Paris, le 8 Frimaire an 14 [29 Novembre 1805].

SERVICE DE L'ÉTAT-MAJOR GÉNÉRAL.

Du 8 au 9 Frimaire.

L'Officier supérieur de service à l'État-major général.................... DURAND.
Officier de santé de service à l'État-major.......................... POISSON.
Secrétaire de service à l'État-major................................ LECLERC.

Du 9 au 10 Frimaire.

Le Capitaine-Adjoint de service à l'État-major général.................. DELON.
Officier de santé de service à l'État-major.......................... DANTREVILLE.
Secrétaire de service à l'État-major................................ PAPET.

ORDRE GÉNÉRAL.

Les troupes de la Garnison de Paris et de la 1.re Division militaire sont prévenues que, m'absentant pour quelques jours, pour faire une tournée ordonnée par S. M. l'Empereur, le commandement du Gouvernement de Paris et de la 1.re Division militaire est remis, jusqu'à mon retour, au Général de division *Noguès.*

Les parades des jeudi et dimanche se passeront en sa présence. Le Général chef de l'État-major-général et le Général commandant la garnison correspondront immédiatement avec lui, et lui remettront les rapports accoutumés.

Signé LOUIS BONAPARTE.

Pour copie conforme :

Le Général de Brigade Chef de l'État-major général du Gouvernement de Paris et de la première Division militaire,

CÉSAR BERTHIER.

GOUVERNEMENT DE PARIS.

1.re *DIVISION MILITAIRE.*

ÉTAT-MAJOR GÉNÉRAL.

Au quartier général, à Paris, le 9 Frimaire an 14 [30 Novembre 1805].

SERVICE DE L'ÉTAT-MAJOR GÉNÉRAL.

Du 9 au 10 Frimaire.

Le Capitaine-Adjoint de service à l'État-major général.................. DELON.
Officier de santé de service à l'État-major.......................... DANTREVILLE.
Secrétaire de service à l'État-major............................... PAPET.

Du 10 au 11 Frimaire.

Le Capitaine-Adjoint de service à l'État-major général.................. AUCLER.
Officier de santé de service à l'État-major.......................... POISSON.
Secrétaire de service à l'État-major............................... LAMOUREUX.

Rien de nouveau.

Le Général de Brigade Chef de l'État-major général du Gouvernement de Paris et de la première Division militaire,

CÉSAR BERTHIER.

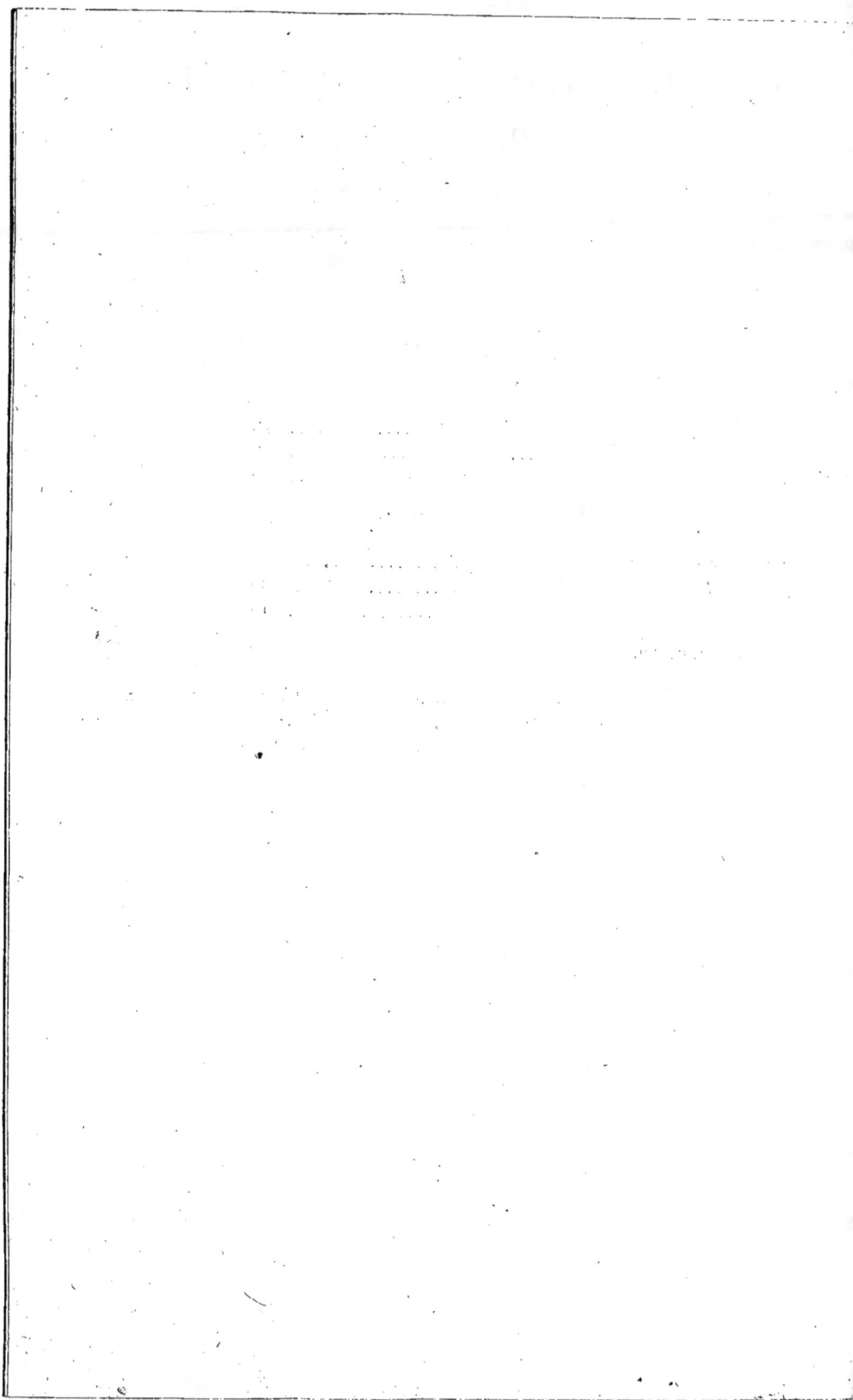

GOUVERNEMENT DE PARIS.

1.re DIVISION MILITAIRE.

ÉTAT - MAJOR GÉNÉRAL.

Au quartier général, à Paris, le 10 Frimaire an 14 [1.er Décembre 1805].

SERVICE DE L'ÉTAT-MAJOR GÉNÉRAL.

Du 10 au 11 Frimaire.

Le Capitaine-Adjoint de service à l'État-major général.................... AUCLER.
Officier de santé de service à l'État-major.............................. POISSON.
Secrétaire de service à l'État-major..................................... LAMOUREUX.

Du 11 au 12 Frimaire.

L'Officier supérieur de service à l'État-major général.................... DURAND.
Officier de santé de service à l'État-major.............................. DANTREVILLE.
Secrétaire de service à l'État-major..................................... BRUNEL.

ORDRE GÉNÉRAL.

ÉTAT des Commissaires des guerres employés dans la 1.re Division militaire.

NOMS.	RÉSIDENCE.	DÉTAIL DONT ILS SONT CHARGÉS.	OBSERVATIONS.
LEFEBVRE-MONTABON.	Paris, rue neuve des Capucines, à l'État-major.	Les états-majors, les conseils de guerre, les détails dudit relatifs aux troupes tant infanterie que cavalerie, le casernement, les maisons d'arrêt de l'Abbaye et de Montaigu, et les transports directs.	
FRADIEL..............	*Idem*, rue S.t-Dominique, maison S.t-Joseph.	Les vivres, pain, fourrages, chauffage et éclairage des corps-de-garde, les convois militaires, les transports journaliers de la place, les routes, et la police de la caserne de la rue Rousselet.	
QUILLET, adjoint.......	*Idem*......................	Le paiement de la solde de retraite, et le traitement de réforme dans le département de la Seine; la police de l'hospice du Val-de-Grâce et des magasins centraux des hôpitaux de pharmacie.	
COLLET..............	A Versailles................	L'administration de la totalité du département de Seine-et-Oise.	
SAUDEMOMT..........	A Beauvais	*Idem*, département de l'Oise.	
DESJARDINS..........	A la Fère	*Idem*, département de l'Aisne.	
PÉLIGNY.............	A Chartres.................	*Idem*, département d'Eure-et-Loir.	
DESCHETS............	A Orléans	*Idem*, département du Loiret.	

Le Général de Brigade Chef de l'État-major général du Gouvernement de Paris et de la première Division militaire,

CÉSAR BERTHIER.

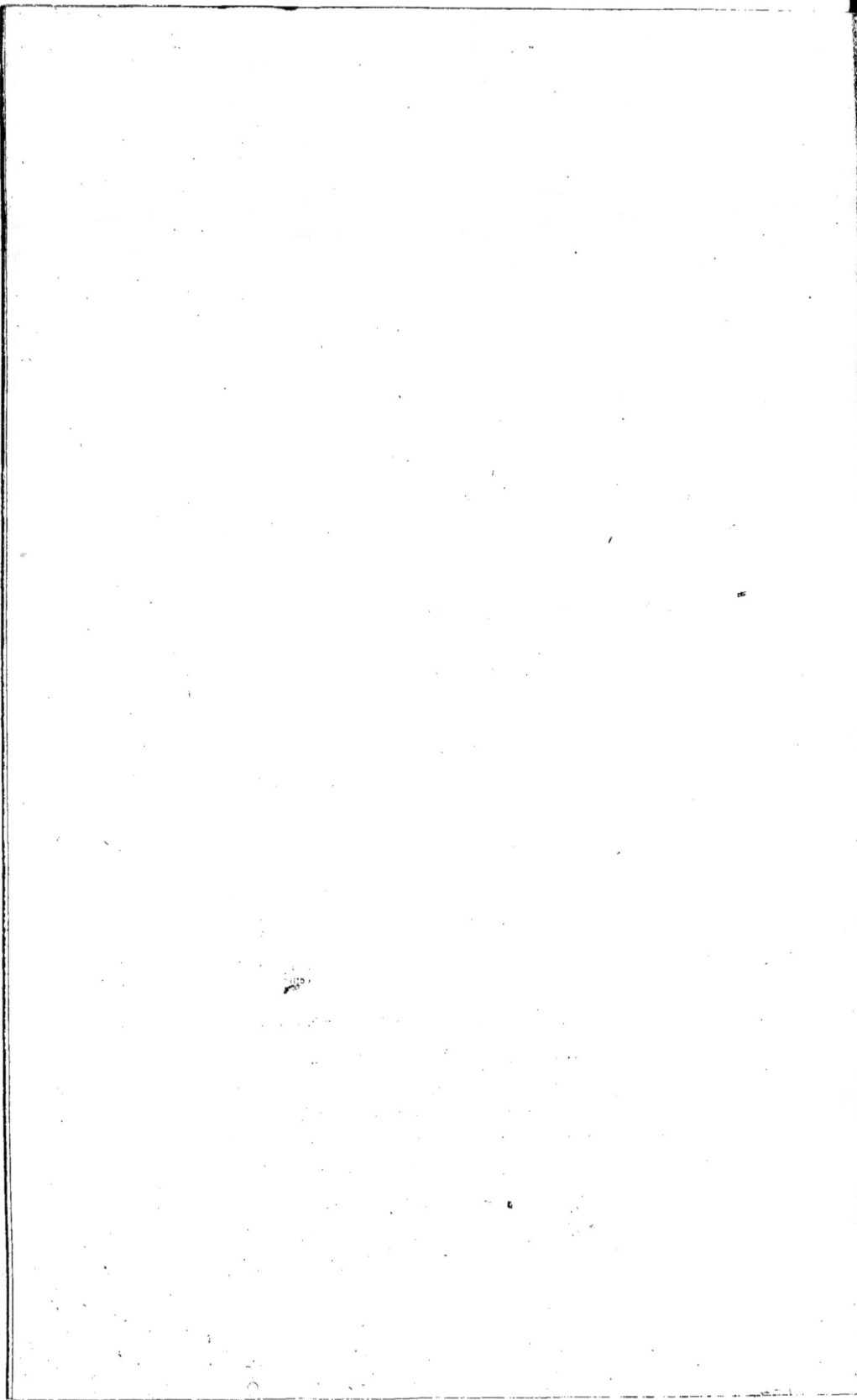

GOUVERNEMENT DE PARIS.

1.re *DIVISION MILITAIRE.*

ÉTAT-MAJOR GÉNÉRAL.

Au quartier général, à Paris, le 11 Frimaire an 14 [2 Décembre 1805].

SERVICE DE L'ÉTAT-MAJOR GÉNÉRAL.

Du 11 au 12 Frimaire.

L'Officier supérieur de service à l'État-major général.................... DURAND.
Officier de santé de service à l'État-major.............................. DANTREVILLE.
Secrétaire de service à l'État-major.................................... BRUNEL.

Du 12 au 13 Frimaire.

Le Capitaine-Adjoint de service à l'État-major général..................... DELON.
Officier de santé de service à l'État-major.............................. POISSON.
Secrétaire de service à l'État-major.................................... DUBOIS.

Rien de nouveau.

Le Général de Brigade Chef de l'État-major général du Gouvernement de Paris et de la première Division militaire,

CÉSAR BERTHIER.

GOUVERNEMENT DE PARIS.

1.re DIVISION MILITAIRE.

ÉTAT-MAJOR GÉNÉRAL.

Au quartier général, à Paris, le 12 Frimaire an 14 [3 Décembre 1805].

SERVICE DE L'ÉTAT-MAJOR GÉNÉRAL.

Du 12 au 13 Frimaire.

Le Capitaine-Adjoint de service à l'État-major général.................... DELON.
Officier de santé de service à l'État-major.............................. POISSON.
Secrétaire de service à l'État-major..................................... DUBOIS.

Du 13 au 14 Frimaire.

Le Capitaine-Adjoint de service à l'État-major général.................... AUCLER.
Officier de santé de service à l'État-major.............................. DANTREVILLE.
Secrétaire de service à l'État-major..................................... CORBET.

Rien de nouveau.

Le Général de Brigade Chef de l'État-major général du Gouvernement de Paris et de la première Division militaire,

CÉSAR BERTHIER.

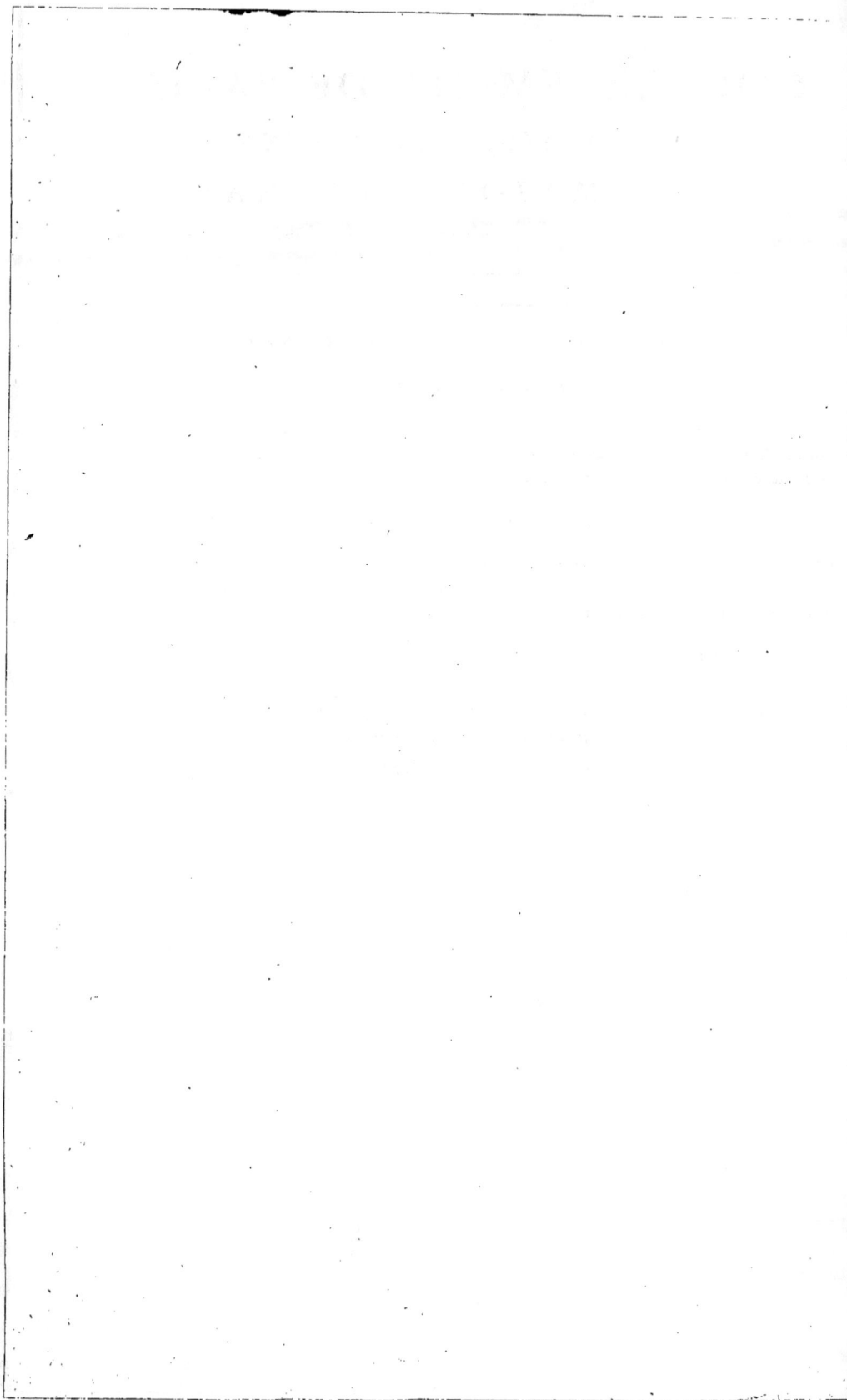

GOUVERNEMENT DE PARIS.

1.re *DIVISION MILITAIRE.*

ÉTAT-MAJOR GÉNÉRAL.

Au quartier général, à Paris, le 13 Frimaire an 14 [4 Décembre 1805].

SERVICE DE L'ÉTAT-MAJOR GÉNÉRAL.

Du 13 au 14 Frimaire.

Le Capitaine-Adjoint de service à l'État-major général.................... AUCLER.
Officier de santé de service à l'État-major.................................. DANTREVILLE.
Secrétaire de service à l'État-major.. CORBET.

Du 14 au 15 Frimaire.

L'Officier supérieur de service à l'État-major général.................... DURAND.
Officier de santé de service à l'État-major.................................. POISSON.
Secrétaire de service à l'État-major.. LECLERC.

ORDRE GÉNÉRAL.

LE général de division, commandant le gouvernement de Paris et la 1.re division militaire, en l'absence de son altesse impériale monseigneur le prince LOUIS, connétable, éprouve une bien grande satisfaction de pouvoir faire connaître aux troupes les notes officielles ci-après.

« M. de *Stadion*, ministre de l'Empereur d'Allemagne en Russie, et M. le comte et lieutenant-général de » *Giulay*, ont été présentés à Brünn à Sa Majesté l'Empereur des français, comme plénipotentiaires de Sa » Majesté l'Empereur d'Allemagne; ils sont munis de pouvoirs pour négocier, conclure et signer la paix » définitive, entre la France et l'Autriche; de son côté l'Empereur des Français a nommé M. de *Talleyrand*, » son ministre des relations extérieures, qu'il a muni de pouvoirs à cet effet. Il faut espérer que la paix sera » le résultat de leurs négociations; mais cela ne doit en rien ralentir le zèle des administrateurs et de la » nation. C'est au contraire un nouveau motif pour accélérer le départ et la marche des conscrits, afin » d'obtenir une paix prompte, solide et durable, Sa Majesté a recommandé aux ministres de la guerre et » de l'intérieur de ne ralentir en rien leurs préparatifs.

» Dans les derniers succès de l'armée d'Italie, on voit, entre autres faits d'armes éclatans, que huit » mille hommes viennent d'être faits prisonniers, parmi lesquels se trouvent plusieurs officiers généraux, » et M. le prince de *Rohan*, général commandant. »

Signé, NOGUÈS,

Général de division, premier Aide-de-Camp de S. A. I. Monseigneur le Prince LOUIS, *Connétable*

Le Général de Brigade Chef de l'État-major général du Gouvernement de Paris et de la première Division militaire,

CÉSAR BERTHIER.

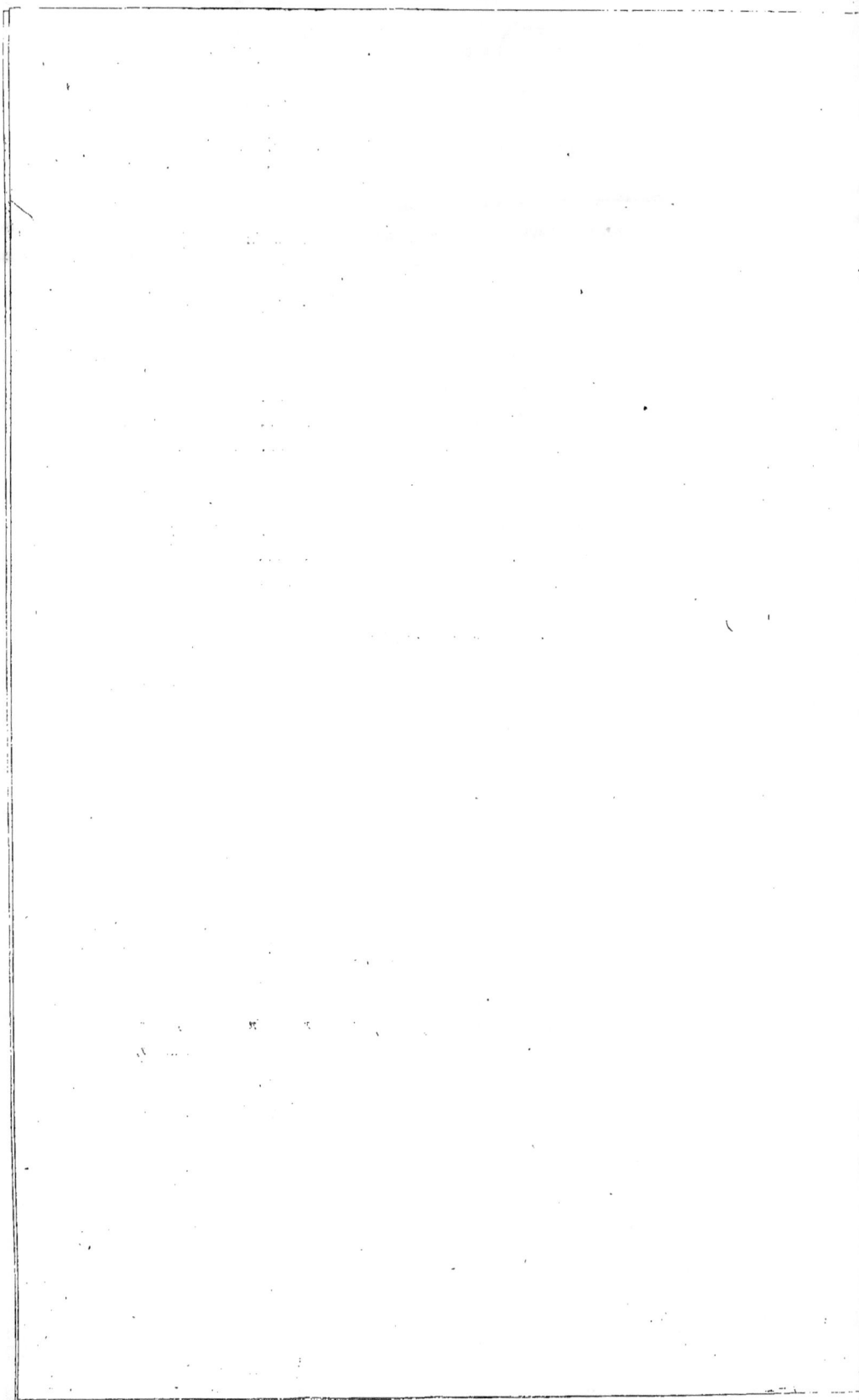

GOUVERNEMENT DE PARIS.

1.re *DIVISION MILITAIRE.*

ÉTAT-MAJOR GÉNÉRAL.

Au quartier général, à Paris, le 14 Frimaire an 14 [5 Décembre 1805].

SERVICE DE L'ÉTAT-MAJOR GÉNÉRAL.

Du 14 au 15 Frimaire.

L'Officier supérieur de service à l'État-major général.................... DURAND.
Officier de santé de service à l'État-major........................... POISSON.
Secrétaire de service à l'État-major................................. LECLERC.

Du 15 au 16 Frimaire.

Le Capitaine-Adjoint de service à l'État-major général.................... DELON.
Officier de santé de service à l'État-major........................... DANTREVILLE.
Secrétaire de service à l'État-major................................. PAPET.

Rien de nouveau.

Le Général de Brigade Chef de l'État-major général du Gouvernement de Paris et de la première Division militaire,

CÉSAR BERTHIER.

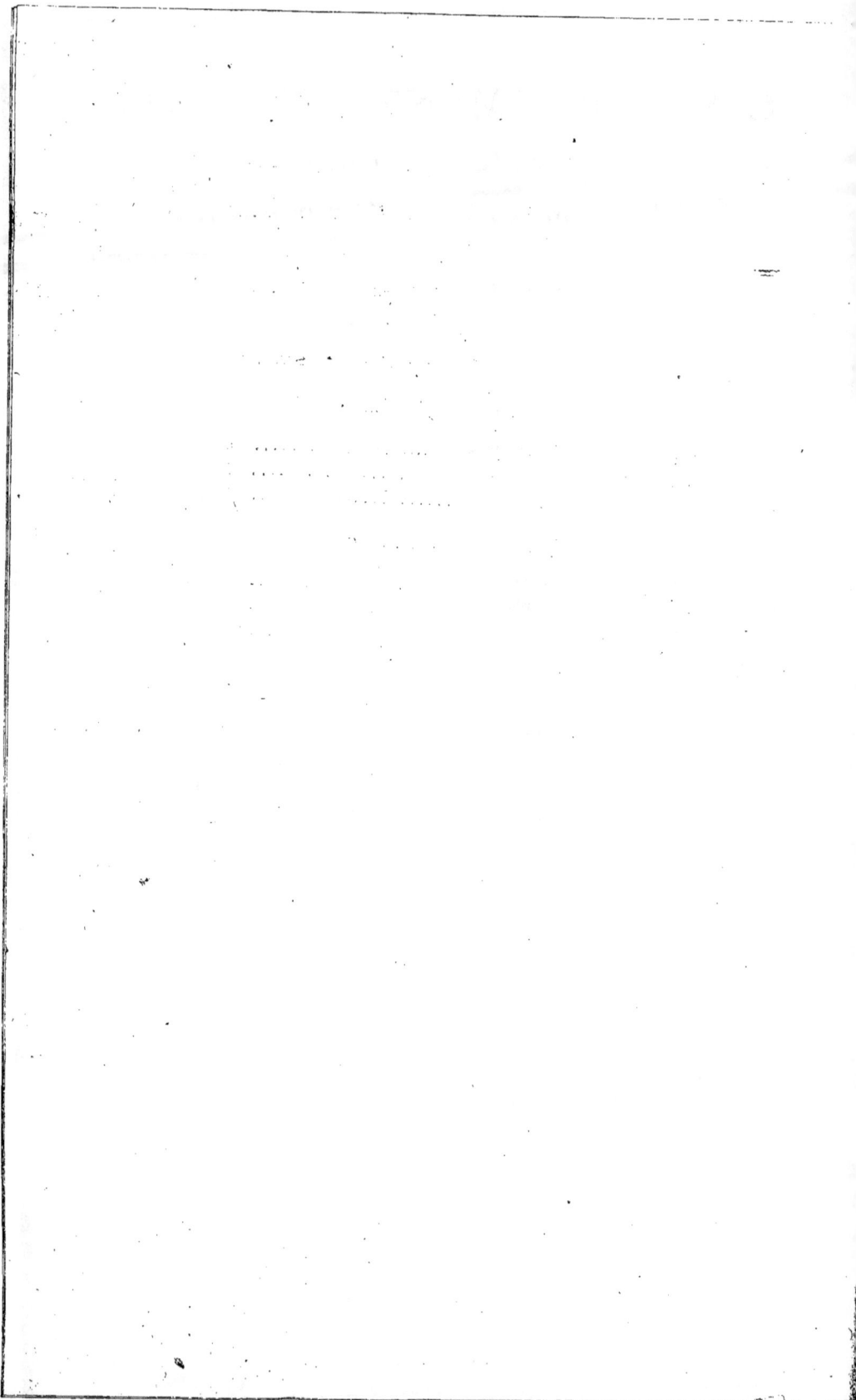

GOUVERNEMENT DE PARIS.

1.re *DIVISION MILITAIRE.*

ÉTAT-MAJOR GÉNÉRAL.

Au quartier général, à Paris, le 15 Frimaire an 14 [6 Décembre 1805].

SERVICE DE L'ÉTAT-MAJOR GÉNÉRAL.

Du 15 au 16 Frimaire.

Le Capitaine-Adjoint de service à l'État-major général .... DELON.
Officier de santé de service à l'État-major .... DANTREVILLE.
Secrétaire de service à l'État-major .... PAPET.

Du 16 au 17 Frimaire.

Le Capitaine-Adjoint de service à l'État-major général .... AUCLER.
Officier de santé de service à l'État-major .... POISSON.
Secrétaire de service à l'État-major .... LAMOUREUX.

Rien de nouveau.

Le Général de Brigade Chef de l'État-major général du Gouvernement de Paris et de la première Division militaire,

CÉSAR BERTHIER.

[illegible]

[illegible]

[illegible]

[illegible]

[illegible]

[illegible]

[illegible]

[illegible]

[illegible]

[illegible]

[illegible]

[illegible]

GOUVERNEMENT DE PARIS.

1.re *DIVISION MILITAIRE.*

ÉTAT-MAJOR GÉNÉRAL.

Au quartier général, à Paris, le 16 Frimaire an 14 [7 Décembre 1805].

SERVICE DE L'ÉTAT-MAJOR GÉNÉRAL.

Du 16 au 17 Frimaire.

Le Capitaine-Adjoint de service à l'État-major général........................ AUCLER.
Officier de santé de service à l'État-major.............................. POISSON.
Secrétaire de service à l'État-major.................................. LAMOUREUX.

Du 17 au 18 Frimaire.

L'Officier supérieur de service à l'État-major général..................... DURAND.
Officier de santé de service à l'État-major.............................. DANTREVILLE.
Secrétaire de service à l'État-major.................................. BRUNEL.

Rien de nouveau.

Le Général de Brigade Chef de l'État-major général du Gouvernement de Paris et de la première Division militaire,

CÉSAR BERTHIER.

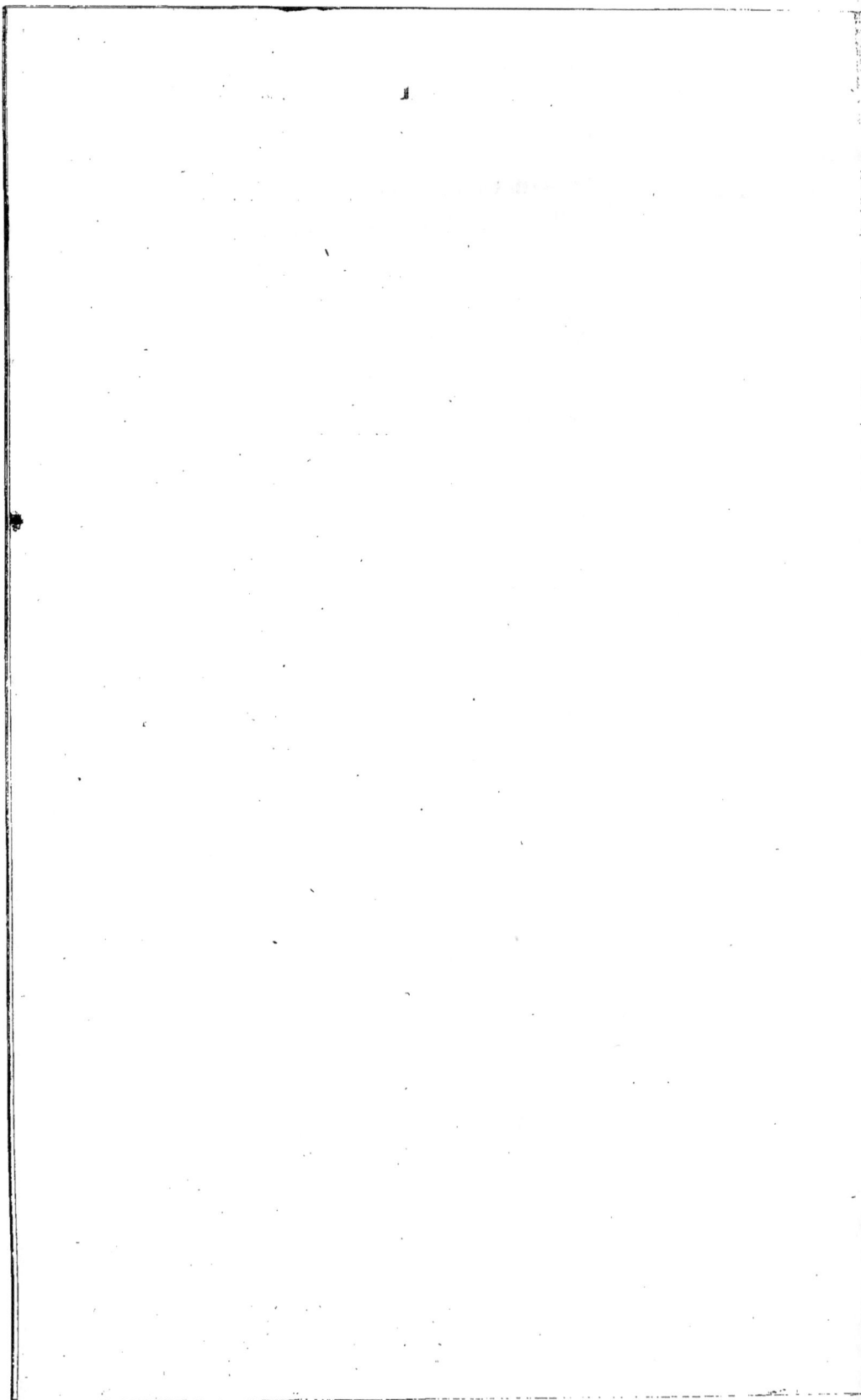

GOUVERNEMENT DE PARIS.

1.re *DIVISION MILITAIRE.*

ÉTAT-MAJOR GÉNÉRAL.

Au quartier général, à Paris, le 17 Frimaire an 14 [8 Décembre 1805].

SERVICE DE L'ÉTAT-MAJOR GÉNÉRAL.

Du 17 au 18 Frimaire.

L'Officier supérieur de service à l'État-major général.................... DURAND.
Officier de santé de service à l'État-major.............................. DANTREVILLE.
Secrétaire de service à l'État-major..................................... DUBOIS.

Du 18 au 19 Frimaire.

Le Capitaine-Adjoint de service à l'État-major général.................... DELON.
Officier de santé de service à l'État-major.............................. POISSON.
Secrétaire de service à l'État-major..................................... BRUNEL.

Rien de nouveau.

Le Général de Brigade Chef de l'État-major général du Gouvernement de Paris et de la première Division militaire,

CÉSAR BERTHIER.

[illegible]

[illegible]

[illegible]

[illegible]

[illegible]

[illegible] .... [illegible]
[illegible] .... [illegible]
[illegible] .... [illegible]

[illegible]

[illegible] .... [illegible]
[illegible] .... [illegible]

[illegible]

GOUVERNEMENT DE PARIS.

1.re DIVISION MILITAIRE.

ÉTAT - MAJOR GÉNÉRAL.

Au quartier général, à Paris, le 18 Frimaire an 14 [9 Décembre 1805].

SERVICE DE L'ÉTAT-MAJOR GÉNÉRAL.

Du 18 au 19 Frimaire.

Le Capitaine-Adjoint de service à l'État-major général.................... DELON.
Officier de santé de service à l'État-major.............................. POISSON.
Secrétaire de service à l'État-major..................................... BRUNEL.

Du 19 au 20 Frimaire.

Le Capitaine-Adjoint de service à l'État-major général.................... AUCLER.
Officier de santé de service à l'État-major.............................. DANTREVILLE.
Secrétaire de service à l'État-major..................................... CORBET.

Rien de nouveau.

Le Général de Brigade Chef de l'État-major général du Gouvernement de Paris et de la première Division militaire,

CÉSAR BERTHIER.

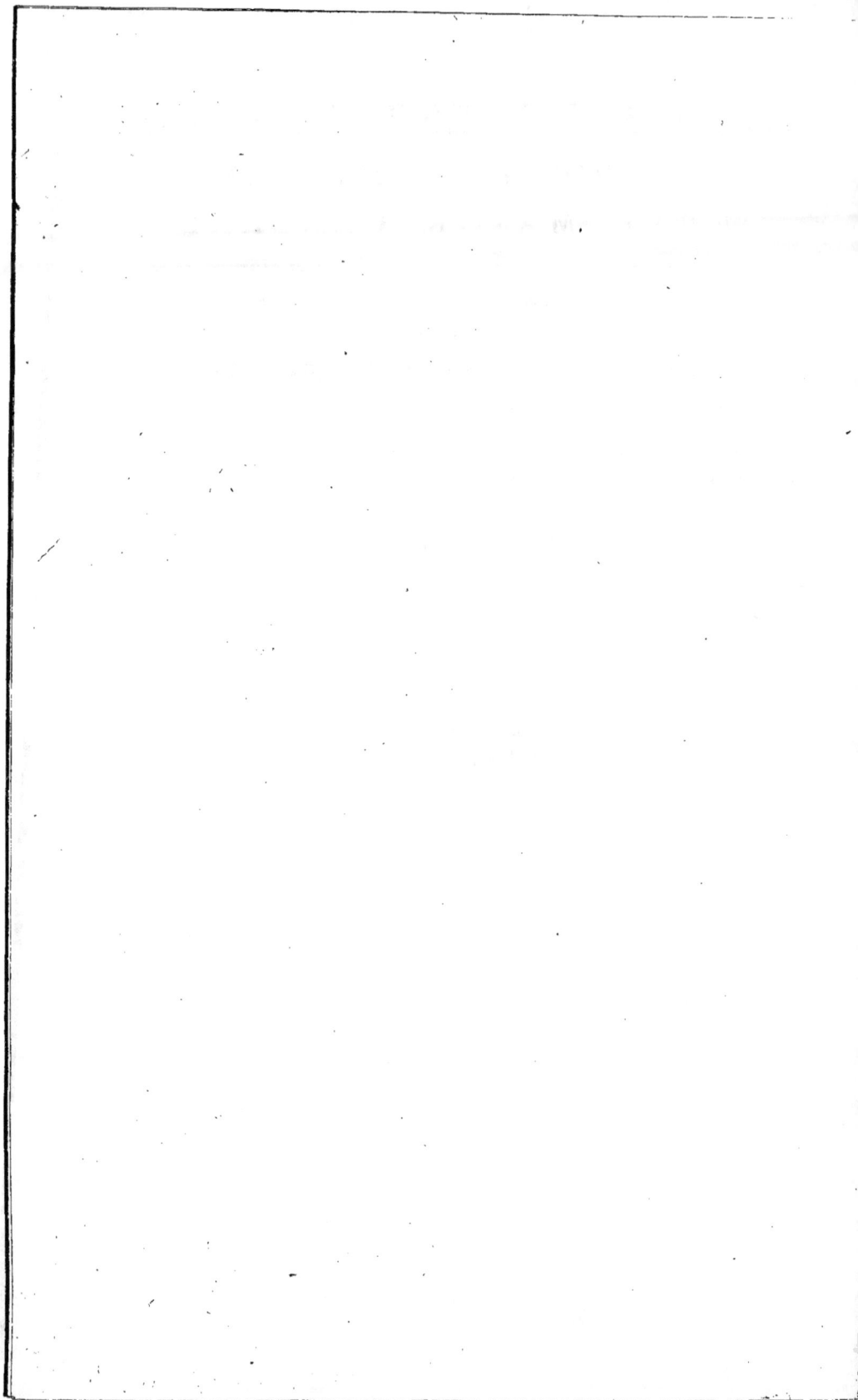

GOUVERNEMENT DE PARIS.

1.re *DIVISION MILITAIRE.*

ÉTAT-MAJOR GÉNÉRAL.

Au quartier général, à Paris, le 19 Frimaire an 14 [10 Décembre 1805].

SERVICE DE L'ÉTAT-MAJOR GÉNÉRAL.

Du 19 au 20 Frimaire.

Le Capitaine-Adjoint de service à l'État-major général .... AUCLER.
Officier de santé de service à l'État-major .... DANTREVILLE.
Secrétaire de service à l'État-major .... CORBET.

Du 20 au 21 Frimaire.

L'Officier supérieur de service à l'État-major général .... DURAND.
Officier de santé de service à l'État-major .... POISSON.
Secrétaire de service à l'État-major .... LECLERC.

Rien de nouveau.

Le Général de Brigade Chef de l'État-major général du Gouvernement de Paris et de la première Division militaire,

CÉSAR BERTHIER.

GOUVERNEMENT DE PARIS.

1.re *DIVISION MILITAIRE.*

ÉTAT-MAJOR GÉNÉRAL.

Au quartier général, à Paris, le 20 Frimaire an 14 [11 Décembre 1805].

SERVICE DE L'ÉTAT-MAJOR GÉNÉRAL.

Du 20 au 21 Frimaire.

L'Officier supérieur de service à l'État-major général.......... DURAND.
Officier de santé de service à l'État-major.......... POISSON.
Secrétaire de service à l'État-major.......... LECLERC.

Du 21 au 22 Frimaire.

Le Capitaine-Adjoint de service à l'État-major général.......... DELON.
Officier de santé de service à l'État-major.......... DANTREVILLE.
Secrétaire de service à l'État-major.......... PAPET.

Rien de nouveau.

Le Général de Brigade Chef de l'État-major général du Gouvernement de Paris et de la première Division militaire,

CÉSAR BERTHIER.

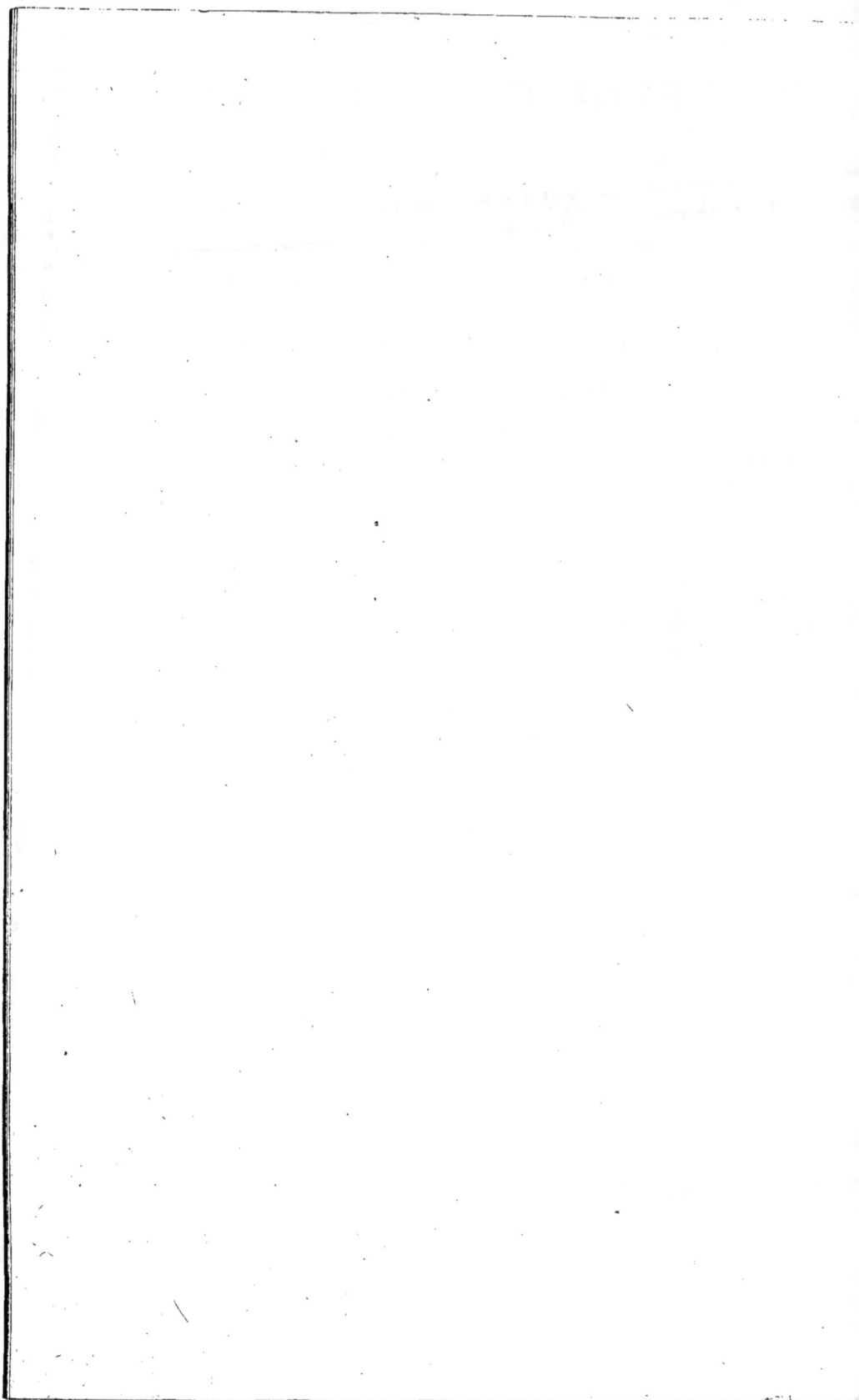

GOUVERNEMENT DE PARIS.

1.re DIVISION MILITAIRE.

ÉTAT - MAJOR GÉNÉRAL.

Au quartier général, à Paris, le 21 Frimaire an 14 [12 Décembre 1805].

SERVICE DE L'ÉTAT-MAJOR GÉNÉRAL.

Du 21 au 22 Frimaire.

L'Officier supérieur de service à l'État-major général.................... DELON.
Officier de santé de service à l'État-major........................ DANTREVILLE.
Secrétaire de service à l'État-major................................ PAPET.

Du 22 au 23 Frimaire.

Le Capitaine-Adjoint de service à l'État-major général.................. AUCLER.
Officier de santé de service à l'État-major........................ POISSON.
Secrétaire de service à l'État-major................................ LAMOUREUX.

ORDRE DU JOUR.

Du 20 frimaire an 14, à 10 heures du soir.

M. le Colonel Le Brun, Aide-de-camp de sa Majesté impériale et royale, envoyé par l'Empereur, a donné les détails suivans sur la bataille livrée par sa Majesté à l'armée russe et autrichienne le 11 frimaire courant :

Quarante mille prisonniers.

Soixante-dix pièces de canon.

La Garde de l'Empereur de Russie mise en déroute, et une partie prise, ainsi que plusieurs Officiers et un Colonel.

Les deux Empereurs de Russie et d'Autriche, sur le point d'être pris, se sauvant en toute hâte à Olmutz.

Plusieurs Officiers généraux pris, entre autres un Prince Galizin.

Le reste de l'armée russe dans la déroute la plus complète.

La bataille est appelée par les soldats, *la Bataille des trois Empereurs.*

L'armée française a peu perdu.

Le présent Ordre sera lu, demain jeudi, à la parade, et communiqué à toutes les troupes de la Garnison le même jour.

Signé NOGUEZ, *Général de division, commandant provisoirement le Gouvernement de Paris et la première Division militaire.*

Pour copie conforme :

Le Général de Brigade Chef de l'État-major général du Gouvernement de Paris et de la première Division militaire,

CÉSAR BERTHIER.

GOUVERNEMENT DE PARIS.

1.re *DIVISION MILITAIRE.*

ÉTAT-MAJOR GÉNÉRAL.

Au quartier général, à Paris, le 22 Frimaire an 14 [13 Décembre 1805].

SERVICE DE L'ÉTAT-MAJOR GÉNÉRAL.

Du 22 au 23 Frimaire.

Le Capitaine-Adjoint de service à l'État-major général.................. AUCLER.
Officier de santé de service à l'État-major.......................... POISSON.
Secrétaire de service à l'État-major................................ LAMOUREUX.

Du 23 au 24 Frimaire.

L'Officier supérieur de service à l'État-major général.................... DURAND.
Officier de santé de service à l'État-major.......................... DANTREVILLE.
Secrétaire de service à l'État-major................................ PAPET.

Rien de nouveau.

Le Général de Brigade Chef de l'État-major général du Gouvernement de Paris et de la première Division militaire,

CÉSAR BERTHIER.

GOUVERNEMENT DE PARIS.

1.re DIVISION MILITAIRE.

ÉTAT - MAJOR GÉNÉRAL.

Au quartier général, à Paris, le 23 Frimaire an 14 [14 Décembre 1805].

SERVICE DE L'ÉTAT-MAJOR GÉNÉRAL.

Du 23 au 24 Frimaire.

L'Officier supérieur de service à l'État-major général.................... DURAND.
Officier de santé de service à l'État-major........................... DANTREVILLE.
Secrétaire de service à l'État-major................................. PAPET.

Du 24 au 25 Frimaire.

Le Capitaine-Adjoint de service à l'État-major général................. DELON.
Officier de santé de service à l'État-major........................... POISSON.
Secrétaire de service à l'État-major................................. BRUNEL.

Rien de nouveau.

Le Général de Brigade Chef de l'État-major général du Gouvernement de Paris et de la première Division militaire,

CÉSAR BERTHIER.

GOUVERNEMENT DE PARIS.

1.re *DIVISION MILITAIRE.*

ÉTAT-MAJOR GÉNÉRAL.

Au quartier général, à Paris, le 24 Frimaire an 14 [15 Décembre 1805].

SERVICE DE L'ÉTAT-MAJOR GÉNÉRAL.

Du 24 au 25 Frimaire.

Le Capitaine-Adjoint de service à l'État-major général .... DELON.
Officier de santé de service à l'État-major .... POISSON.
Secrétaire de service à l'État-major .... BRUNEL.

Du 25 au 26 Frimaire.

Le Capitaine-Adjoint de service à l'État-major général .... AUCLER.
Officier de santé de service à l'État-major .... DANTREVILLE.
Secrétaire de service à l'État-major .... CORBET.

Rien de nouveau.

Le Général de Brigade Chef de l'État-major général du Gouvernement de Paris et de la première Division militaire,

CÉSAR BERTHIER.

GOUVERNEMENT DE PARIS.

1.re DIVISION MILITAIRE.

ÉTAT-MAJOR GÉNÉRAL.

Au quartier général, à Paris, le 25 Frimaire an 14 [16 Décembre 1805].

SERVICE DE L'ÉTAT-MAJOR GÉNÉRAL.

Du 25 au 26 Frimaire.

Le Capitaine-Adjoint de service à l'État-major général.................. AUCLER.
Officier de santé de service à l'État-major.......................... DANTREVILLE.
Secrétaire de service à l'État-major................................ CORBET.

Du 26 au 27 Frimaire.

L'Officier supérieur de service à l'État-major général................. DURAND.
Officier de santé de service à l'État-major.......................... POISSON.
Secrétaire de service à l'État-major................................ LECLERC.

Rien de nouveau.

Le Général de Brigade Chef de l'État-major général du Gouvernement de Paris et de la première Division militaire,

CÉSAR BERTHIER.

GOUVERNEMENT DE PARIS.

1.re *DIVISION MILITAIRE.*

ÉTAT-MAJOR GÉNÉRAL.

Au quartier général, à Paris, le 26 Frimaire an 14 [17 Décembre 1805].

SERVICE DE L'ÉTAT-MAJOR GÉNÉRAL.

Du 26 au 27 Frimaire.

L'Officier supérieur de service à l'État-major général.................... DURAND.
Officier de santé de service à l'État-major.......................... POISSON.
Secrétaire de service à l'État-major................................ LECLERC.

Du 27 au 28 Frimaire.

Le Capitaine-Adjoint de service à l'État-major général................. DELON.
Officier de santé de service à l'État-major.......................... DANTREVILLE.
Secrétaire de service à l'État-major................................ PAPET.

Rien de nouveau.

Le Général de Brigade Chef de l'État-major général du Gouvernement de Paris et de la première Division militaire,

CÉSAR BERTHIER.

GOUVERNEMENT DE PARIS.

1.re *DIVISION MILITAIRE.*

ÉTAT-MAJOR GÉNÉRAL.

Au quartier général, à Paris, le 27 Frimaire an 14 [18 Décembre 1805].

SERVICE DE L'ÉTAT-MAJOR GÉNÉRAL.

Du 27 au 28 Frimaire.

Le Capitaine-Adjoint de service à l'État-major général .... DELON.
Officier de santé de service à l'État-major .... DANTREVILLE.
Secrétaire de service à l'État-major .... PAPET.

Du 28 au 29 Frimaire.

L'Officier supérieur de service à l'État-major général .... AUCLER.
Officier de santé de service à l'État-major .... POISSON.
Secrétaire de service à l'État-major .... LAMOUREUX.

Rien de nouveau.

Le Général de Brigade Chef de l'État-major général du Gouvernement de Paris et de la première Division militaire,

CÉSAR BERTHIER.

GOUVERNEMENT DE PARIS.

1.re DIVISION MILITAIRE.

ÉTAT-MAJOR GÉNÉRAL.

Au quartier général, à Paris, le 28 Frimaire an 14 [19 Décembre 1805].

SERVICE DE L'ÉTAT-MAJOR GÉNÉRAL.

Du 28 au 29 Frimaire.

Le Capitaine-Adjoint de service à l'État-major général.................. AUCLER.
Officier de santé de service à l'État-major.................. POISSON.
Secrétaire de service à l'État-major.................. LAMOUREUX.

Du 29 au 30 Frimaire.

L'Officier supérieur de service à l'État-major général.................. DURAND.
Officier de santé de service à l'État-major.................. DANTREVILLE.
Secrétaire de service à l'État-major.................. BRUNEL.

Rien de nouveau.

Le Général de Brigade Chef de l'État-major général du Gouvernement de Paris et de la première Division militaire,

CÉSAR BERTHIER.

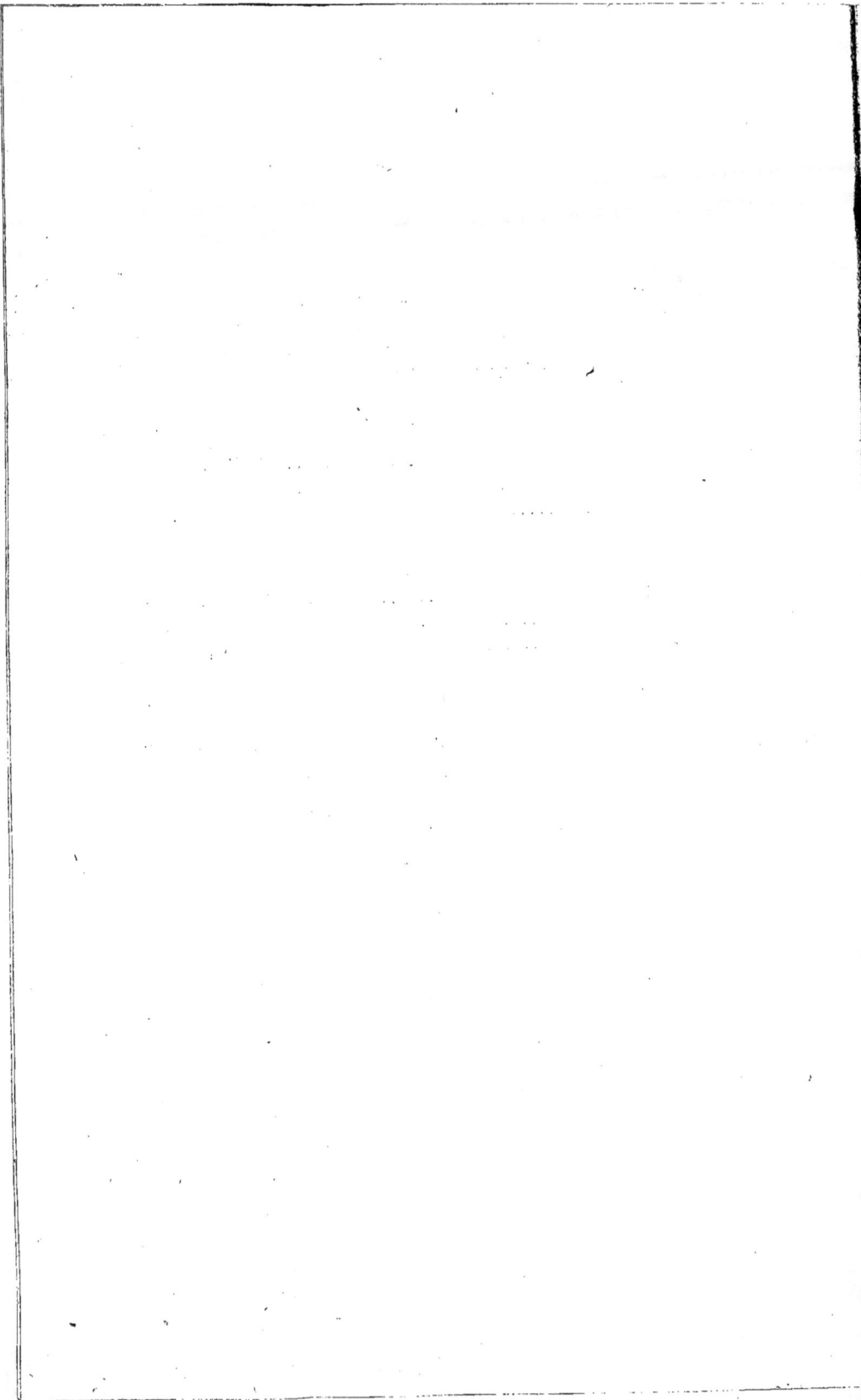

GOUVERNEMENT DE PARIS.

1.re *DIVISION MILITAIRE.*

ÉTAT-MAJOR GÉNÉRAL.

Au quartier général, à Paris, le 29 Frimaire an 14 [20 Décembre 1805].

SERVICE DE L'ÉTAT-MAJOR GÉNÉRAL.

Du 29 au 30 Frimaire.

L'Officier supérieur de service à l'État-major général.................... DURAND.
Officier de santé de service à l'État-major.............................. DANTREVILLE.
Secrétaire de service à l'État-major..................................... BRUNEL.

Du 30 Frimaire au 1.er Nivôse.

Le Capitaine-Adjoint de service à l'État-major général.................... DELON.
Officier de santé de service à l'État-major.............................. POISSON.
Secrétaire de service à l'État-major..................................... DUBOIS.

Rien de nouveau.

Le Général de Brigade Chef de l'État-major général du Gouvernement de Paris et de la première Division militaire,

CÉSAR BERTHIER.

[illegible]

[illegible]

[illegible]

[illegible]

[illegible]

[illegible]

[illegible]

[illegible]

[illegible]

[illegible]

GOUVERNEMENT DE PARIS.

1.re DIVISION MILITAIRE.

ÉTAT-MAJOR GÉNÉRAL.

Au quartier général, à Paris, le 30 Frimaire an 14 [21 Décembre 1805].

SERVICE DE L'ÉTAT-MAJOR GÉNÉRAL.

Du 30 Frimaire au 1.er Nivôse.

Le Capitaine-Adjoint de service à l'État-major général.................... DELON.
Officier de santé de service à l'État-major.......................... POISSON.
Secrétaire de service à l'État-major................................ DUBOIS.

Du 1.er au 2 Nivôse.

Le Capitaine-Adjoint de service à l'État-major général.................... AUGLER.
Officier de santé de service à l'État-major.......................... DANTREVILLE.
Secrétaire de service à l'État-major................................ CORBET.

Rien de nouveau.

Le Général de Brigade Chef de l'État-major général du Gouvernement de Paris et de la première Division militaire,

CÉSAR BERTHIER.

GOUVERNEMENT DE PARIS.

1.re DIVISION MILITAIRE.

ÉTAT-MAJOR GÉNÉRAL.

Au quartier général, à Paris, le 1.er Nivôse an 14 [22 Décembre 1805].

SERVICE DE L'ÉTAT-MAJOR GÉNÉRAL.

Du 1.er au 2 Nivôse.

Le Capitaine-Adjoint de service à l'État-major général.................. AUCLER.
Officier de santé de service à l'État-major.............................. DANTREVILLE.
Secrétaire de service à l'État-major...................................... CORBET.

Du 2 au 3 Nivôse.

L'Officier supérieur de service à l'État-major général................... DURAND.
Officier de santé de service à l'État-major.............................. POISSON.
Secrétaire de service à l'État-major...................................... LECLERC.

Rien de nouveau.

Le Général de Brigade Chef de l'État-major général du Gouvernement de Paris et de la première Division militaire,

CÉSAR BERTHIER.

GOUVERNEMENT DE PARIS.

1.re *DIVISION MILITAIRE.*

ÉTAT-MAJOR GÉNÉRAL.

Au quartier général, à Paris, le 2 Nivôse an 14 [23 Décembre 1805].

SERVICE DE L'ÉTAT-MAJOR GÉNÉRAL.

Du 2 au 3 Nivôse.

L'Officier supérieur de service à l'État-major général........................ DURAND.
Officier de santé de service à l'État-major................................ POISSON.
Secrétaire de service à l'État-major...................................... LECLERC.

Du 3 au 4 Nivôse.

Le Capitaine-Adjoint de service à l'État-major général..................... DELON.
Officier de santé de service à l'État-major................................ DANTREVILLE.
Secrétaire de service à l'État-major...................................... PAPET.

Rien de nouveau.

Le Général de Brigade Chef de l'État-major général du Gouvernement de Paris et de la première Division militaire,

CÉSAR BERTHIER.

GOUVERNEMENT DE PARIS.

1.re *DIVISION MILITAIRE.*

ÉTAT-MAJOR GÉNÉRAL.

Au quartier général, à Paris, le 3 Nivôse an 14 [24 Décembre 1805].

SERVICE DE L'ÉTAT-MAJOR GÉNÉRAL.

Du 3 au 4 Nivôse.

L'Officier supérieur de service à l'État-major général........................ DELON.
Officier de santé de service à l'État-major.............................. DANTREVILLE.
Secrétaire de service à l'État-major.................................... PAPET.

Du 4 au 5 Nivôse.

Le Capitaine-Adjoint de service à l'État-major général.................... AUCLER.
Officier de santé de service à l'État-major.............................. POISSON.
Secrétaire de service à l'État-major.................................... LAMOUREUX.

Rien de nouveau.

Le Général de Brigade Chef de l'État-major général du Gouvernement de Paris et de la première Division militaire,

CÉSAR BERTHIER.

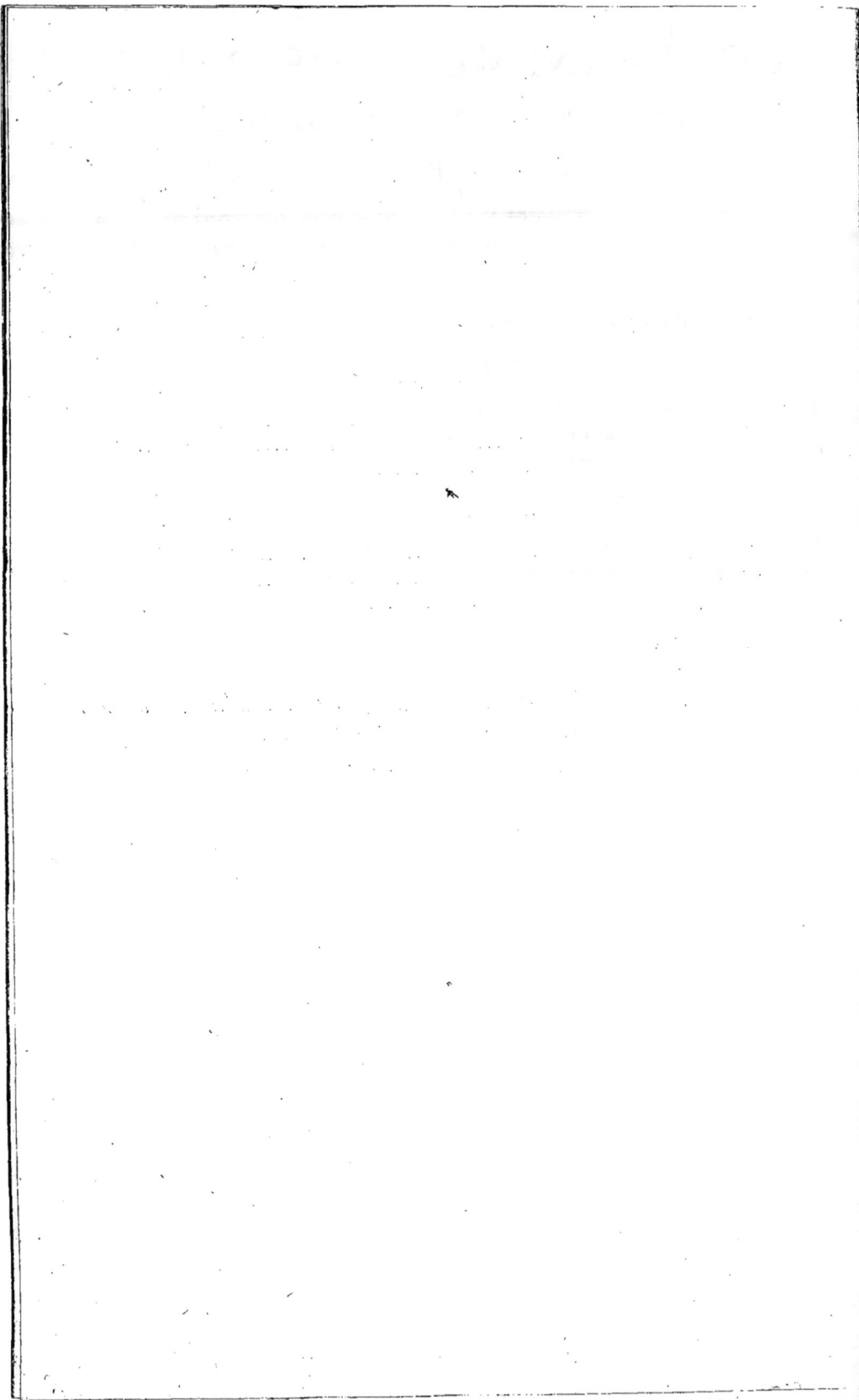

GOUVERNEMENT DE PARIS.

1.re DIVISION MILITAIRE.

ÉTAT-MAJOR GÉNÉRAL.

Au quartier général, à Paris, le 4 Nivôse an 14 [25 Décembre 1805].

SERVICE DE L'ÉTAT-MAJOR GÉNÉRAL.

Du 4 au 5 Nivôse.

Le Capitaine-Adjoint de service à l'État-major général.................... AUCLER.
Officier de santé de service à l'État-major.......................... POISSON.
Secrétaire de service à l'État-major.............................. LAMOUREUX.

Du 5 au 6 Nivôse.

L'Officier supérieur de service à l'État-major général.................... DURAND.
Officier de santé de service à l'État-major.......................... DANTREVILLE.
Secrétaire de service à l'État-major.............................. BRUNEL.

Rien de nouveau.

Le Général de Brigade Chef de l'État-major général du Gouvernement de Paris et de la première Division militaire,

CÉSAR BERTHIER.

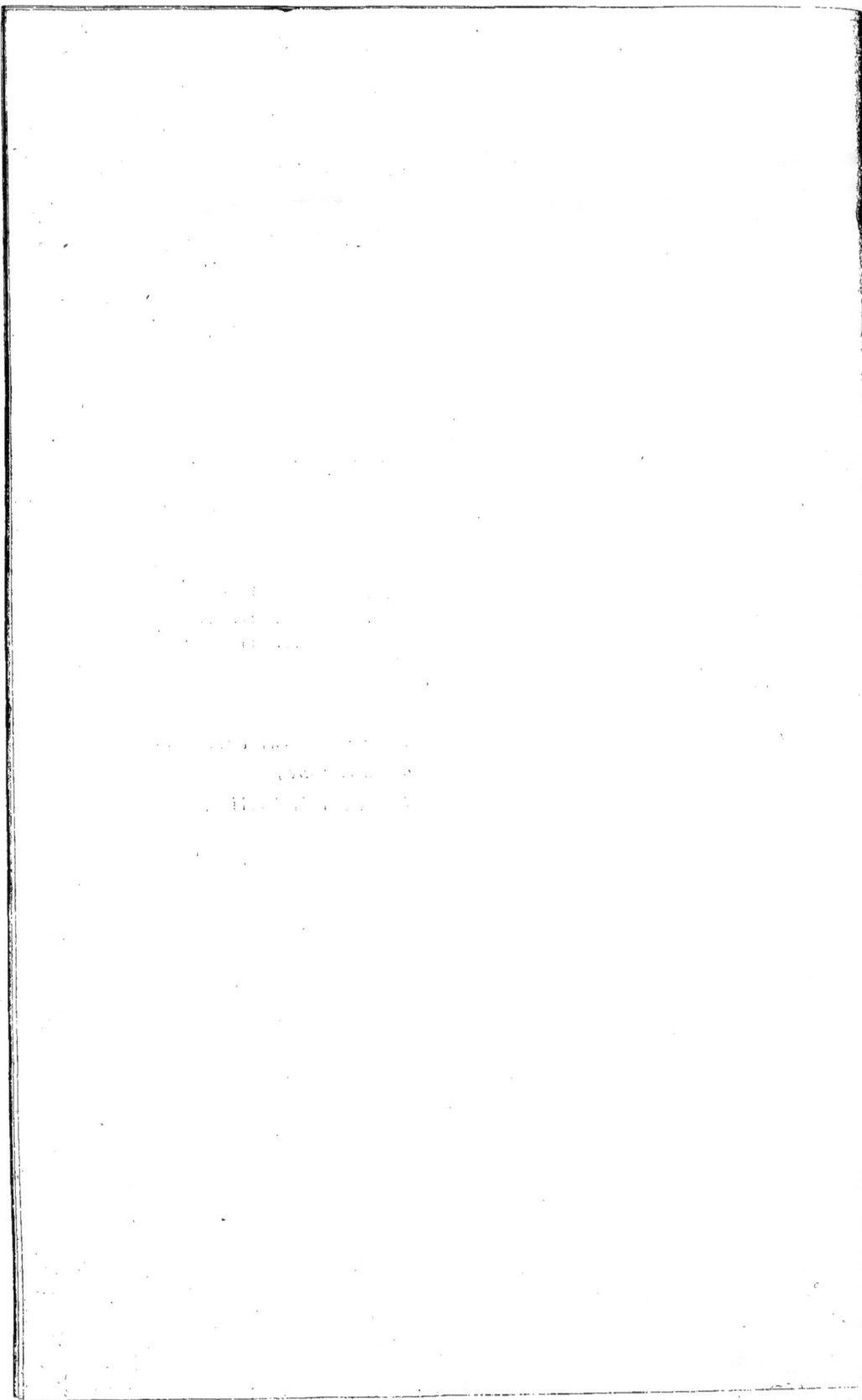

GOUVERNEMENT DE PARIS.

1.re DIVISION MILITAIRE.

ÉTAT-MAJOR GÉNÉRAL.

Au quartier général, à Paris, le 5 Nivôse an 14 [26 Décembre 1805].

SERVICE DE L'ÉTAT-MAJOR GÉNÉRAL.

Du 5 au 6 Nivôse.

L'Officier supérieur de service à l'État-major général........................ DURAND.
Officier de santé de service à l'État-major.............................. DANTREVILLE.
Secrétaire de service à l'État-major................................... BRUNEL.

Du 6 au 7 Nivôse.

Le Capitaine-Adjoint de service à l'État-major général..................... DELON.
Officier de santé de service à l'État-major.............................. POISSON.
Secrétaire de service à l'État-major................................... DUBOIS.

EXTRAIT *des Jugemens rendus par le 2.e Conseil de guerre permanent de la 1.re Division militaire, pendant le mois de Brumaire an 14.*

NUMÉROS DES JUGEMENS.	DATES.	NOMS ET PRÉNOMS des INDIVIDUS JUGÉS.	QUALITÉ MILITAIRE ou PROFESSION.	LIEUX de NAISSANCE.	ANALYSE DES JUGEMENS.	
847.	14.	Robert (*Pierre*)........	Vétéran au 10.e régiment.	Saint-Augustin, département de Seine-et-Marne.	Convaincu d'avoir blessé volontairement un particulier de la Commune de Saint-Denis.	Condamné à quatre années de détention, et à la dégradation militaire.
848.	*Id.*	Vallée (*Alexandre*).....	Fusilier au 2.e régiment de la garde de Paris.	Luzarche, département de Seine-et-Oise.	Convaincu de vol.....	Condamné à une année de prison, et ensuite mis à la disposition de l'État-major général pour être employé selon le bien du service.
849.	29.	Pourchet (*Joseph*).....	Marréhal-des-logis au 6.e régiment d'artillerie légère, membre de la légion d'honneur.	Besançon, départ. du Doubs.	Convaincu d'insubordination.	Condamné, par voie de discipline militaire, à garder prison pendant trois mois, à dater du jour de son arrestation, à l'expiration de laquelle peine, il sera renvoyé à son Corps, pour y reprendre son service.

TOTAL des jugemens rendus par le 2.e Conseil de guerre permanent pendant le mois de brumaire an 14, ci.. 3.

TOTAL des individus jugés pendant le même mois par ce Conseil, ci.......... { Présens.. 3. Contumax 0. } 3.

Pour extrait conforme aux expéditions desdits jugemens.

Le Général de Brigade Chef de l'État-major général du Gouvernement de Paris et de la première Division militaire,

CÉSAR BERTHIER.

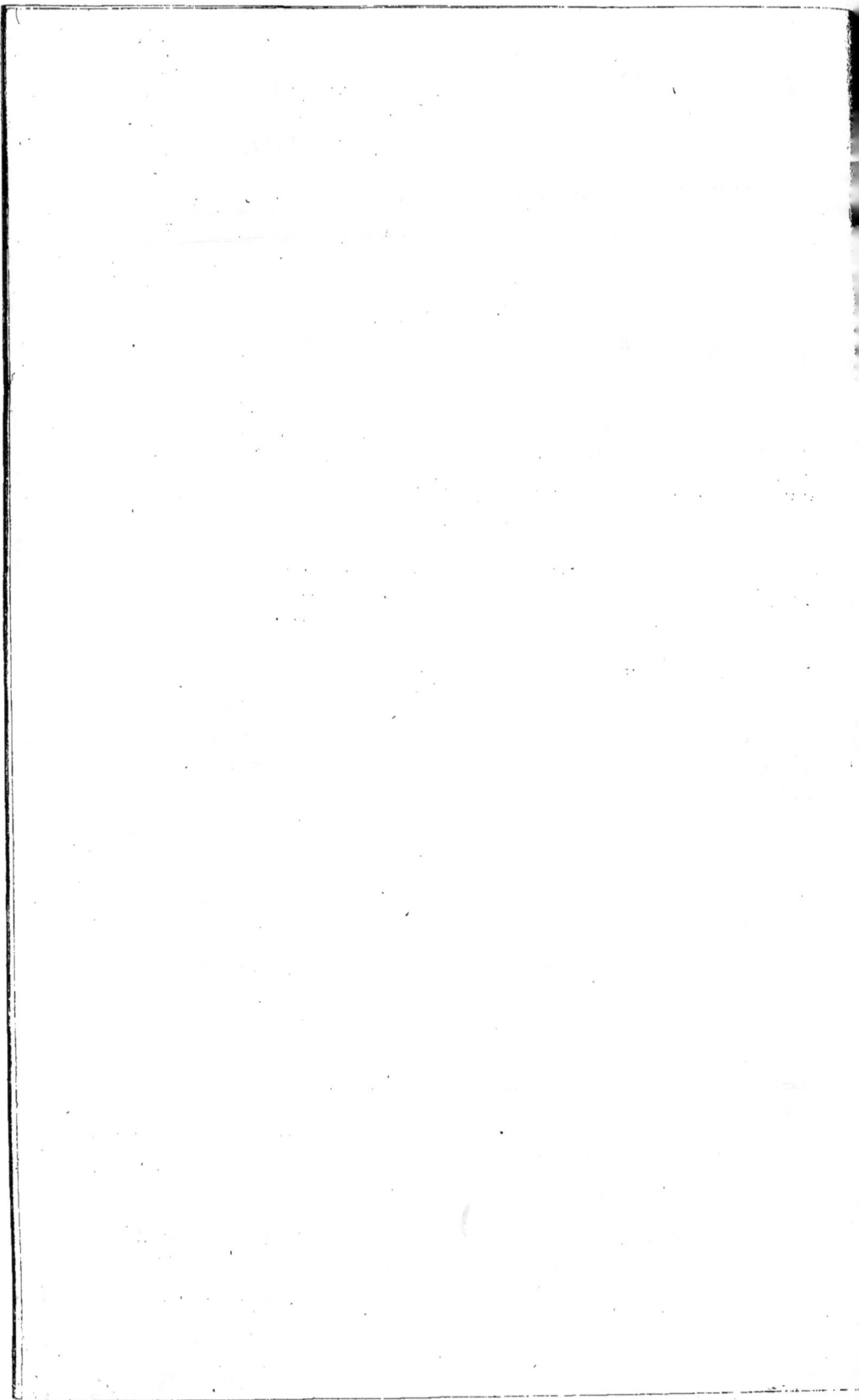

GOUVERNEMENT DE PARIS.

1.re DIVISION MILITAIRE.

ÉTAT-MAJOR GÉNÉRAL.

Au quartier général, à Paris, le 6 Nivôse an 14 [27 Décembre 1805].

SERVICE DE L'ÉTAT-MAJOR GÉNÉRAL.

Du 6 au 7 Nivôse.

Le Capitaine-Adjoint de service à l'État-major général.................... DELON.
Officier de santé de service à l'État-major............................ POISSON.
Secrétaire de service à l'État-major................................. DUBOIS.

Du 7 au 8 Nivôse.

Le Capitaine-Adjoint de service à l'État-major général.................... AUCLER.
Officier de santé de service à l'État-major............................ DANTREVILLE.
Secrétaire de service à l'État-major................................. CORBET.

ORDRE GÉNÉRAL.

Les troupes et la garnison de Paris, et celles employées dans la 1.re Division militaire, sont prévenues que les Aides-de-camp des Généraux *Noguez* et *César Berthier*, chargés de porter à l'approbation de S. A. I. le Prince *Louis* les adresses pour leurs Majestés impériales et royales, sont de retour à Paris.

S. A. I. monseigneur le Prince *Louis*, saisissant toujours les occasions de marquer sa bonté et son intérêt pour les Militaires du Gouvernement de Paris et de la 1.re Division, a jugé que ces adresses devaient être portées par un des Officiers généraux qui y sont employés, et a désigné en conséquence le Général *César Berthier*, Chef de l'État-major général du Gouvernement de Paris et de la 1.re Division militaire, pour se transporter au grand quartier-général, et les présenter à leurs Majestés.

Pendant l'absence de ce Général, M. le Chef de Bataillon *Debon* remplira les fonctions de Chef de l'État-major général.

Signé NOGUEZ, *Général de division, commandant provisoirement le Gouvernement de Paris et la première Division militaire.*

Pour copie conforme :

L'Officier supérieur faisant les fonctions de Chef de l'État-major général,

DEBON.

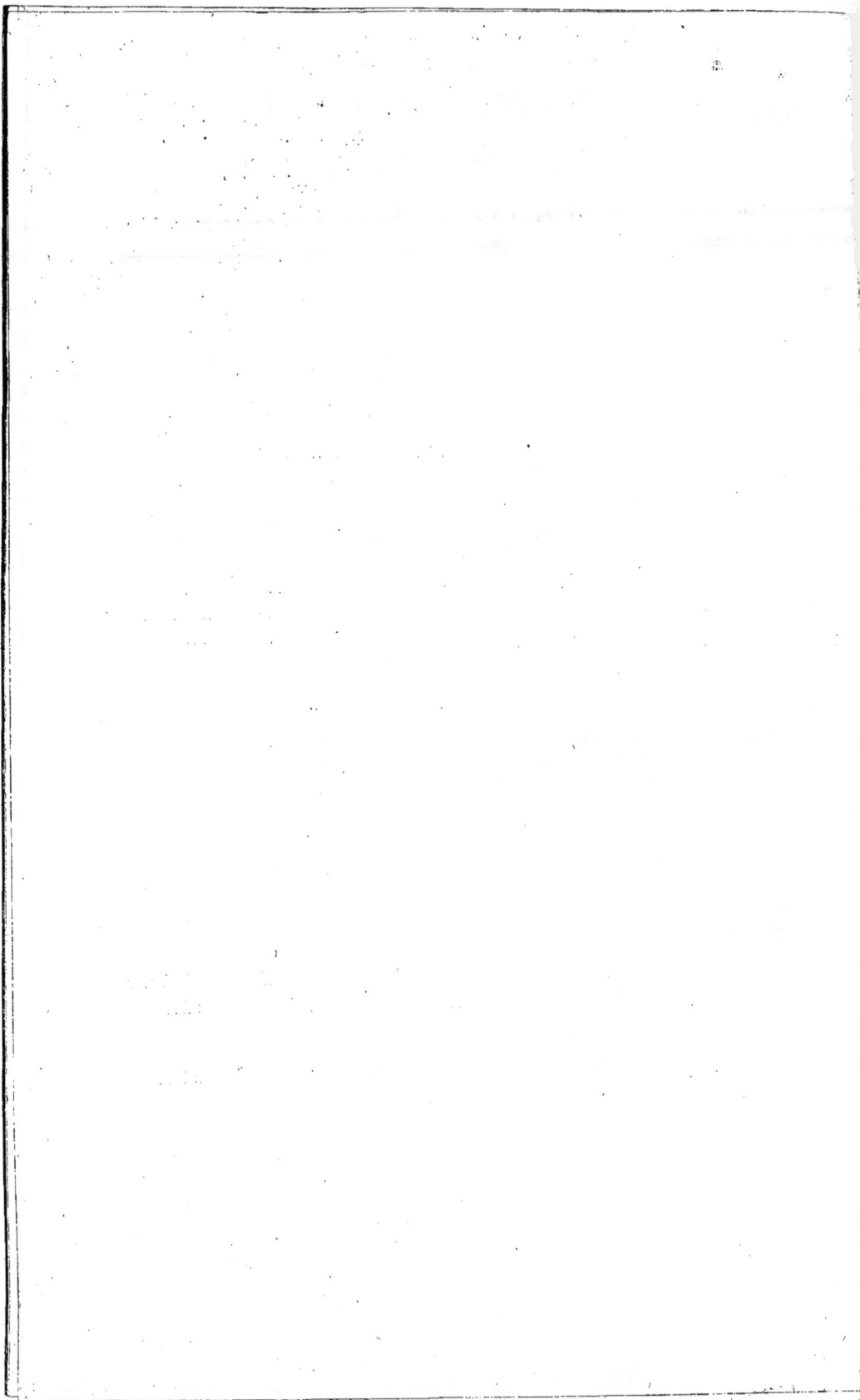

GOUVERNEMENT DE PARIS.

1.re *DIVISION MILITAIRE.*

ÉTAT-MAJOR GÉNÉRAL.

Au quartier général, à Paris, le 7 Nivôse an 14 [28 Décembre 1805].

SERVICE DE L'ÉTAT-MAJOR GÉNÉRAL.

Du 7 au 8 Nivôse.

Le Capitaine-Adjoint de service à l'État-major général.................. AUCLER.
Officier de santé de service à l'État-major.......................... DANTREVILLE.
Secrétaire de service à l'État-major................................ CORBET.

Du 8 au 9 Nivôse.

L'Officier supérieur de service à l'État-major général.................. DURAND.
Officier de santé de service à l'État-major.......................... POISSON.
Secrétaire de service à l'État-major................................ LECLERC.

Rien de nouveau.

L'Officier supérieur faisant les fonctions de Chef de l'État-major général,

DEBON.

GOUVERNEMENT DE PARIS.

1.re DIVISION MILITAIRE.

ÉTAT - MAJOR GÉNÉRAL.

Au quartier général, à Paris, le 8 Nivôse an 14 [29 Décembre 1805].

SERVICE DE L'ÉTAT-MAJOR GÉNÉRAL.

Du 8 au 9 Nivôse.

L'Officier supérieur de service à l'État-major général.................... DURAND.
Officier de santé de service à l'État-major........................... POISSON.
Secrétaire de service à l'État-major................................ LECLERC.

Du 9 au 10 Nivôse.

Le Capitaine-Adjoint de service à l'État-major général.................. DELON.
Officier de santé de service à l'État-major........................... DANTREVILLE.
Secrétaire de service à l'État-major................................ PAPET.

EXTRAIT des Jugemens rendus par le 1.er Conseil de guerre permanent de la 1.re Division militaire, pendant le mois de Frimaire an 14.

NUMÉROS DES JUGEMENS.	DATES.	NOMS ET PRÉNOMS des INDIVIDUS JUGÉS.	QUALITÉ MILITAIRE ou PROFESSION.	LIEUX de NAISSANCE.	ANALYSE DES JUGEMENS.	
1859.	21.	Tissot *(Jean-Pierre), dit* l'Arrivé.	Fusilier au 2.e régiment de la garde de Paris.	Versailles, département de Seine-et-Oise.	Convaincu d'insubordination formelle, et de désobéissance aux ordres de son supérieur.	Condamné à une année de prison, et ensuite mis à la disposition du Ministre de la marine et des colonies, pour être employé selon le bien du service.
1860.	*Id.*	Bezat *(Charles-François)*..	Fusilier au 1.er régiment de la garde de Paris.	Paris, départem.t de la Seine.	Convaincu de vol.....	Condamné à cinq mois de prison, à dater du jour de son arrestation, et ensuite renvoyé à son Corps, pour y continuer son service.
1861.	*Id.*	Vauclin *(Nicolas)*......	*Idem*..........	Vernon, département de la Seine-Inférieure.	Prévenu d'insultes avec gestes et menaces envers son supérieur.	Acquitté, mis en liberté, et renvoyé à son Corps.

TOTAL des jugemens rendus par le 1.er Conseil de guerre permanent pendant le mois de Frimaire an 14, ci.. 3.

TOTAL des individus jugés pendant le même mois par ce Conseil, ci........... {Présens.. 3. / Contumax 0.} 3.

Pour extrait conforme aux expéditions desdits jugemens.

Le Général de Brigade Chef de l'État-major général du Gouvernement de Paris et de la première Division militaire,

CÉSAR BERTHIER.

L'Officier supérieur faisant les fonctions de Chef de l'État-major général,

DEBON.

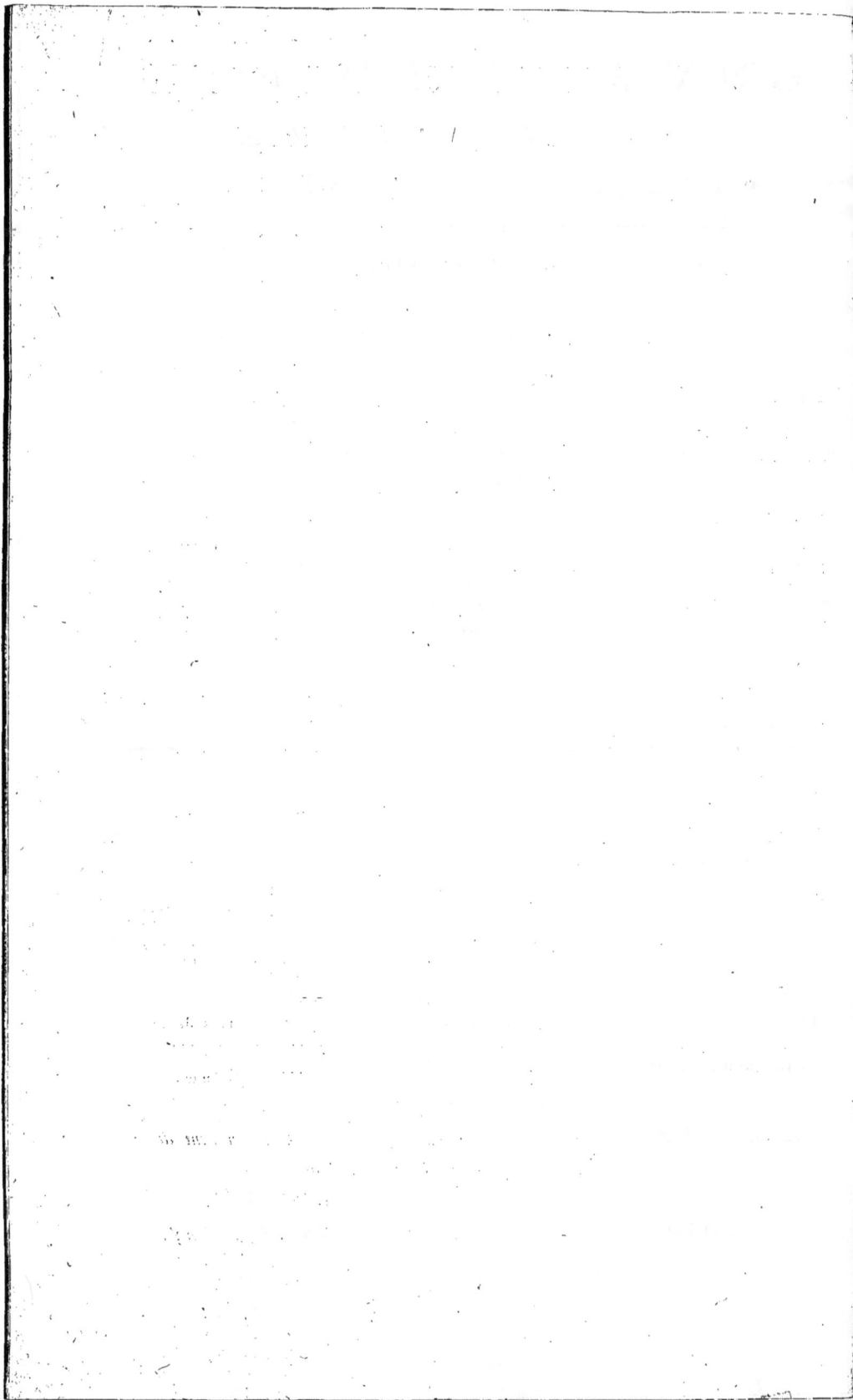

GOUVERNEMENT DE PARIS.

1.re DIVISION MILITAIRE.

ÉTAT-MAJOR GÉNÉRAL.

Au quartier général, à Paris, le 9 Nivôse an 14 [30 Décembre 1805].

SERVICE DE L'ÉTAT-MAJOR GÉNÉRAL.

Du 9 au 10 Nivôse.

Le Capitaine-Adjoint de service à l'État-major général.................. DELON.
Officier de santé de service à l'État-major.......................... DANTREVILLE.
Secrétaire de service à l'État-major.................................. PAPET.

Du 10 au 1.er Janvier 1806.

Le Capitaine-Adjoint de service à l'État-major général.................. AUCLER.
Officier de santé de service à l'État-major.......................... POISSON.
Secrétaire de service à l'État-major.................................. LAMOUREUX.

ORDRE GÉNÉRAL.

Paris, le 6 Nivôse an 14.

A Monsieur le Général commandant la 1.re Division militaire.

Son Excellence Monsieur le Maréchal, Ministre de la guerre, m'a chargé, Monsieur le Général, par décision prise à Brunn le 7 frimaire dernier, de vous réitérer l'ordre précis de l'Empereur, de ne pas tirer le canon sans son ordre : c'est l'intention formelle de sa Majesté, que M. le Maréchal m'ordonne de vous manifester. Il a vu avec surprise que quelques Généraux commandant les Divisions territoriales, ainsi que des Commandans de places, se fussent permis d'ordonner des consommations de poudres en contravention à l'art. 35 du réglement du 1.er vendémiaire an 13, conformément à l'art. 36 du même réglement. Le prix de la poudre qui sera consommée sans autorisation, pour des salves, sera à la charge de ceux qui en auront donné l'ordre. Le Ministre vous invite à faire connaître ces dispositions aux Officiers sous vos ordres.

J'ai l'honneur de vous saluer.

Le Général de Division, Chef de la Division de l'Artillerie,

signé GASSENDI.

Pour copie conforme :

L'Officier supérieur faisant les fonctions de Chef de l'État-major général,

DERON.

GOUVERNEMENT DE PARIS.

1.re *DIVISION MILITAIRE.*

ÉTAT-MAJOR GÉNÉRAL.

Au quartier général, à Paris, le 10 Nivôse an 14 [31 Décembre 1805].

SERVICE DE L'ÉTAT-MAJOR GÉNÉRAL.

Du 10 Nivôse au 1.er Janvier.

Le Capitaine-Adjoint de service à l'État-major général.................... AUCLER.
Officier de santé de service à l'État-major............................ POISSON.
Secrétaire de service à l'État-major................................ LAMOUREUX.

Du 1.er au 2 Janvier.

L'Officier supérieur de service à l'État-major général.................... DURAND.
Officier de santé de service à l'État-major............................ DANTREVILLE.
Secrétaire de service à l'État-major................................ BRUNEL.

Rien de nouveau.

L'Officier supérieur faisant les fonctions de Chef de l'État-major général,

DEBON.

www.ingramcontent.com/pod-product-compliance
Lightning Source LLC
Chambersburg PA
CBHW071954090426
42740CB00011B/1943
* 9 7 8 2 0 1 3 7 0 8 9 4 4 *